리액트 웹앱 제작 총론 2/e

리액트 웹앱 제작 총론 2/e

리액트와 리덕스를 이용한 웹앱 개발 가이드

키루파 친나탐비 지음 | 이태상 옮김

i!i
에이콘

아버지께
(심지어 나 자신도 이해할 수 없는 행동을 해도 언제나 날 믿어주신...)

| 지은이 소개 |

키루파 친나탐비 Kirupa Chinnathambi

자신만큼이나 웹 개발을 사랑하는 사람들을 교육하며 많은 시간을 보냈다.

블로깅이라는 단어조차 없었던 1999년부터 자신의 웹사이트(kirupa.com)에 튜토리얼을 포스팅하기 시작했다. 그 후로 지금까지 수백 개의 글을 쓰고 다수의 책을 저술했으며(물론 그 가운데 이 책이 가장 훌륭하다!), 유튜브에서 시청할 수 있는 수십 개의 튜토리얼 비디오를 제작했다. 웹 개발에 대해 글을 쓰거나 강의하는 시간 이외에는 마이크로소프트의 프로그램 매니저로서 웹을 더욱 굉장하게 만드는 일을 한다.

트위터(@kirupa), 페이스북(facebook.com/kirupa), 이메일(kirupa@kirupa.com)을 통해 언제든지 연락할 수 있다.

| 감사의 글 |

존경하는 아내 미나^{Meena}의 지원과 격려가 없었다면 아무것도 해내지 못했을 것이다. 그녀가 자신의 목표를 보류한 채 내가 글을 구상하고 집필하고 고쳐 쓰는 6개월의 시간을 허락하지 않았다면 이 책을 내는 일은 아득히 먼 꿈에 불과했을 것이다.

내가 아무 목적 없이 하고 싶은 걸 하며 시간을 보낼 수 있게 늘 격려해주신 부모님께 감사드린다. 두 분은 1990년대 후반에 인터넷을 통해서 전혀 모르는 사람에게 프로그래밍으로 얼마나 멋진 일을 할 수 있는지 내게 가르치셨다. 부모님이 아니었다면 방구석 폐인이자 학자이며 전사인 지금 내 모습의 반도 이루지 못했을 것이다.

출판의 영역에서 보자면 글을 쓰는 일은 오히려 쉬운 부분이다. 글이 책으로 만들어져 여러분의 손에 들려지기까지가 복잡하다. 세부적인 과정을 알게 될수록, 나는 그 놀라운 시스템이 멈추지 않게 보이지 않는 곳에서 지칠 줄 모르고 작업하는 모든 분들에게 감명을 받았다. 출판사 피어슨^{Pearson}의 모든 분들께 감사드린다. 그 가운데 특히 이름을 언급하고 싶은 몇몇 분들이 있다. 마크 태버^{Mark Taber}는 피어슨과 같이 일할 수 있는 기회를 내게 주었다. 크리스 잔^{Chris Zahn}은 나의 수많은 의문과 걱정에 대해 인내를 갖고 지도해줬다. 애비 만하임^{Abby Manheim}은 내가 쓴 글을 사람이 이해할 수 있는 어떤 것으로 바꿔줬다. 로레타 예이츠^{Loretta Yates}는 오래전에 이 모든 일이 가능하게 인연을 만들어줬다. 이 책의 기술적인 내용은 나의 오랜 친구며 온라인 동료인 카일 머레이^{Kyle Murray}(필명 Krilnon)와 트레버 맥콜리^{Trevor McCauley}(필명 senocular)가 아주 자세히 감수해줬다. 그들의 철저하면서도 재미있는 피드백에 대해 충분히 감사를 표하지 못해 아쉽다.

| 옮긴이 소개 |

이태상(taesang@gmail.com)

자바와 웹 전문가로서 주로 교육과 컨설팅을 했으며, 오랜 기간 동안 전자 금융 업무를 담당했다. 현재 한 금융기관의 재무회계시스템 구축 프로젝트에 참여하고 있다. 『톰캣 최종분석』(에이콘, 2005)부터 『Pandas로 하는 데이터 과학 2/e』(에이콘, 2018)까지 다수의 IT 서적을 번역했다.

| 옮긴이의 말 |

2000년대 중반부터 시작된 자바스크립트 춘추전국시대는 10년 넘게 계속되고 있습니다. 숱한 자바스크립트 프레임워크나 라이브러리가 등장했다가 사라지거나 변모해왔으며, 앞으로도 그런 상황은 계속될 것 같습니다. 2010년 중반부터의 대표적인 자바스크립트 UI 프레임워크로는 리액트React, 앵귤러Angular, 뷰Vue.js를 들 수 있습니다. 설문을 포함한 몇몇 조사 결과를 봤을 때, 그 가운데 가장 인기 있는 프레임워크는 (여전히) 리액트로 보입니다.

리액트는 페이스북이 2013년 5월 오픈소스로 발표한 이후 지금까지 꾸준히 사랑받고 있으며, 페이스북, 인스타그램, 넷플릭스, 야후 등 여러 유명한 사이트에서 사용되고 있습니다. 모든 프레임워크가 그러하듯 리액트 역시 장단점이 있겠지만, 특히 가상 DOM을 사용함으로써 렌더링 성능을 높인 점이나 일방향 데이터 흐름을 지향해 이해와 관리를 쉽게 할 수 있도록 하는 점이 인기의 주 요인으로 추측됩니다.

앞으로도 자바스크립트 세계의 지형 변화 속에서 또 다른 프레임워크나 라이브러리를 사용할 기회가 많이 생길 것입니다. 그러므로 리액트를 사용해보는 일은 많은 프로젝트가 리액트를 채택하는 것에 동참하는 일이자, 웹 기술에 관한 통찰력을 쌓는 데 필요한 큰 자양분이 될 것입니다.

그렇지 않아도 배워야 할 것들이 너무 많아 늘 바쁜 여러분 앞에, 빠르게 리액트를 소화시켜 줄 이 책이 놓여 있습니다. IT 분야에서 고군분투하는 모든 분들의 건투를 빕니다.

| 차례 |

지은이 소개 6

감사의 글 7

옮긴이 소개 8

옮긴이의 말 9

1장   리액트 소개   19

예전의 멀티페이지 디자인 20

요즘의 싱글 페이지 앱 21

리액트와의 첫 만남 24

  UI 상태의 자동 관리 25

  번개같이 빠른 DOM 조작 26

  조립하기 쉬운 UI를 지원하는 API 27

  자바스크립트만으로 정의하는 비주얼 28

  MVC 아키텍처에서의 'V' 30

정리 31

2장   첫 번째 리액트 앱   33

JSX 다루기 34

리액트 시작하기 36

이름 보여주기 38

여전히 익숙한 기술 40

  목적지 변경 40

  스타일 입히기! 41

정리 43

3장   리액트 컴포넌트   45

함수에 대한 짧은 복습 46

UI를 다루는 방식의 변화 48

리액트 컴포넌트와의 첫 만남 52

  Hello, World! 컴포넌트 만들기 53

속성 지정   56

자식 다루기   58

정리   60

4장   리액트 스타일링   63

알파벳 모음 보여주기   64

리액트 콘텐츠 스타일링   67

생성된 HTML의 이해   67

바로 스타일링!   68

리액트 방식의 스타일링   70

스타일 객체 만들기   70

콘텐츠 스타일링   71

배경색 커스터마이징   73

정리   74

5장   복잡한 컴포넌트 제작   77

비주얼 엘리먼트에서 컴포넌트로   77

주요 비주얼 요소 식별   79

컴포넌트 식별   82

컴포넌트 작성   85

카드 컴포넌트   87

Square 컴포넌트   88

Label 컴포넌트   90

속성 전달   92

컴포넌트 결합성의 비밀   95

정리   97

6장   속성 전달   99

문제점 인식   100

문제점 분석   104

스프레드 연산자와의 만남   108

더 나은 속성 전달 방법   109

정리   112

7장 JSX와의 재회   113

  JSX의 실체   113
  기억해야 할 JSX의 특징   115
    표현식 평가   115
    복수의 엘리먼트 리턴   116
    인라인 CSS 사용 불가   119
    주석   120
    대소문자 구별   121
  어디서든 가능한 JSX   121
  정리   122

8장 상태 다루기   123

  상태 사용하기   123
    시작 지점   124
  카운터 켜기   127
    초기 상태 값 설정   127
    타이머 가동과 상태 설정   129
    상태 변경 후 렌더링   131
  참고: 전체 코드   132
  정리   135

9장 데이터에서 UI로   137

  예제   137
  어디든 가능한 JSX – 2탄   140
  배열 다루기   141
  정리   144

10장 이벤트   147

  이벤트 리스닝하기와 반응하기   148
    시작 지점   149
  버튼 작동시키기   152
  이벤트 속성   154
    합성 이벤트   155

이벤트 속성 다루기   156

또 다른 이벤트 처리 기법   158

  컴포넌트의 이벤트는 직접 리스닝할 수 없다   158

  일반 DOM 이벤트의 리스닝   161

  이벤트 핸들러 내부의 this   162

리액트에서의 이벤트 처리는... 도대체 왜?   164

  브라우저 호환성   164

  성능 향상   164

정리   166

11장 컴포넌트 생명주기   167

생명주기 메소드와의 만남   168

생명주기 메소드의 작동 확인   168

초기 렌더링 단계   173

  기본 속성 설정   173

  기본 상태 설정   174

  componentWillMount   174

  render   174

  componentDidMount   174

업데이트 단계   175

  상태 변경 다루기   175

  shouldComponentUpdate   176

  componentWillUpdate   176

  render   176

  componentDidUpdate   177

  속성 변경 다루기   177

언마운트 단계   178

정리   179

12장 DOM 엘리먼트 접근   181

컬러라이저 예제   184

ref와의 첫 만남   187

포털 사용하기   191

정리   196

13장 리액트 개발 환경 구성   197

Create React와의 첫 만남   200
    무슨 일이 벌어졌나?   202
HelloWorld 앱 개발   206
운영 버전 빌드하기   211
정리   212

14장 외부 데이터 사용   213

웹 요청에 관한 기초   217
이제 리액트 시간!   218
    시작하기   219
IP 주소 가져오기   220
    흥미로운 비주얼 만들기   224
정리   229

15장 Todo List 앱 제작   231

시작하기   233
초기 UI 제작   235
앱의 나머지 부분 개발   237
    아이템 추가   237
    아이템 표시   242
    스타일 적용   245
    아이템 삭제   247
애니메이션   250
정리   252

16장 슬라이드 메뉴   253

슬라이드 메뉴의 작동 원리   253
개발 준비   257
시작하기   258
메뉴 보이기와 감추기   262
    버튼 제작   264
    메뉴 제작   266
정리   269

17장 불필요한 렌더링 방지   271

render 메소드의 정체   272
render 호출의 최적화   274
  예제로 시작하기   274
render 호출의 이해   276
  shouldComponentUpdate 재정의   280
  PureComponent 사용   282
정리   284

18장 리액트 라우터를 이용한 싱글 페이지 앱 제작   285

예제   286
시작하기   287
앱 구축   289
  초기 프레임 보여주기   289
  콘텐츠 페이지 만들기   291
  리액트 라우터 사용하기   293
소소한 작업들   297
라우팅 문제 해결   297
  약간의 CSS 추가   297
  활성화된 링크의 강조   299
정리   301

19장 리덕스 소개   303

리덕스란 무엇인가   304
리덕스를 사용한 앱 제작   309
  리덕스 타임!   309
  조명! 카메라! 액션!   310
  이제 리듀서 차례   311
  마지막은 스토어   314
정리   316

리덕스를 이용한 리액트 상태 관리 324

    리액트와 리덕스 합치기 325

    시작하기 327

    앱 구축 328

정리 336

찾아보기 339

1

리액트 소개

오늘날 웹앱^{web app}의 모양과 느낌^{look and feel}이 예전에 비해 훨씬 멋지다는 사실을 차치하면, 그보다 더 근본적인 어떤 변화가 있었음을 알 수 있다. 바로 웹앱을 설계하고 빌드하는 방식이 매우 달라졌다는 점이다. 이를 주목하기 위해 그림 1.1의 앱을 잠시 살펴보자.

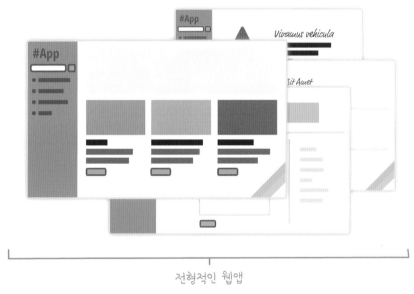

전형적인 웹앱

그림 1.1 앱

이 앱은 무언가를 둘러보는 단순한 카탈로그 브라우저로서, 이런 종류의 다른 앱과 마찬가지로 홈 화면, 검색 결과 화면, 상세 내용 화면 등을 순환하며 보여주는 통상적인 페이지 집합을 갖는다. 이제부터 이 앱을 빌드하는 두 가지 접근 방식을 알아본다. 그러면서 약간은 신기한 방식으로 리액트를 개괄적으로 알아보게 될 것이다.

그럼 시작하자!

예전의 멀티페이지 디자인

불과 몇 년 전만 해도 이런 앱을 만든다면 아마도 여러 개의 개별 페이지로 구성하는 방식을 택했을 것이다. 페이지 흐름은 그림 1.2와 같은 식이다.

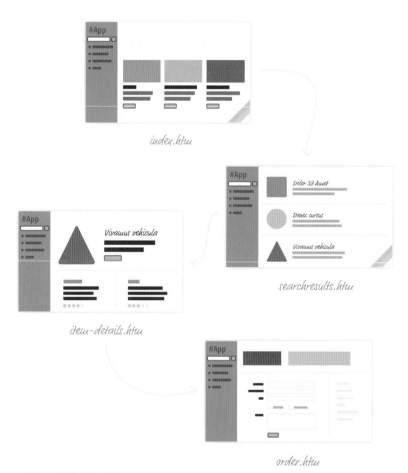

그림 1.2 멀티페이지 디자인

이 웹앱은 바뀐 내용을 보여줘야 하는 거의 모든 경우마다 아예 다른 페이지로 이동한다. 이는 페이지가 사라졌다가 다시 나오는 모습을 보게 되는, 부실한 사용자 경험(UX)을 안겨준다. 그러나 그런 대가를 치르는 대신 더 큰 이득이 있다. 앱의 상태를 관리하기가 매우 편하다. 쿠키를 통한 사용자 데이터 저장과 약간의 서버 측 메커니즘이 필요하다는 점을 제외하면 아무것도 신경 쓸 게 없다. 인생 참 쉽다.

요즘의 싱글 페이지 앱

오늘날 개별 페이지 사이를 이동하는 방식의 웹앱 모델은 구식으로 느껴진다. (아니, 정말 구닥다리다.) 그림 1.3과 같이 말이다.

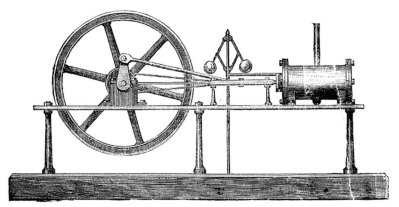

그림 1.3 이 증기기관처럼 개별 페이지 모델은 완전히 구닥다리다.

그 대신, 현대의 앱은 이른바 싱글 페이지 앱SPA, Single-Page App 모델을 고수한다. 이 모델은 결코 서로 다른 페이지로 이동하는 일이 없으며 심지어 페이지를 다시 로딩하지도 않는 세계를 보여준다. 이 세계에서는 앱의 서로 다른 뷰가 동일한 페이지에서 로딩되거나 언로딩된다.

이런 앱은 그림 1.4와 같이 보일 것이다.

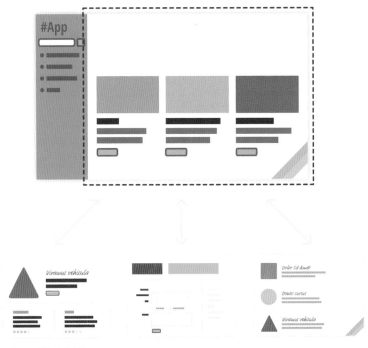

그림 1.4 싱글 페이지 앱

사용자가 앱을 사용함에 따라 빨간 점선 영역의 콘텐츠는 사용자가 원하는 데이터와 HTML로 대체되며, 그 결과 더욱 우아한 사용자 경험을 선사하게 된다. 더 나아가 언젠 가 다른 모바일 앱이나 데스크톱 프로그램에서 봤을 법한 멋진 시각적 기법을 콘텐츠 전 환에 사용할 수도 있다. 이런 종류의 기법은 서로 다른 페이지를 이동하는 멀티페이지 방 식에서는 쉽게 적용하기 힘들다.

이전에 싱글 페이지 앱을 들어본 적이 없었다면 이 모든 말이 얼토당토않은 소리로 들릴 수 있다. 그러나 오히려 미지의 영역으로 뛰어들 수 있는 아주 좋은 기회다. 구글 지메일, 페이스북, 인스타그램, 트위터 등과 같은 웹앱을 한 번이라도 사용해 봤다면 이미 싱글 페이지 앱을 경험한 것이다. 그 앱들은 모두 페이지를 새로고침하거나 다른 페이지로 이 동하지 않고도 동적으로 콘텐츠를 보여준다.

지금 싱글 페이지 앱이 복잡하게 느껴지게끔 설명했다. 그런데 그게 전부가 아니다. 자바 스크립트 자체 그리고 다양한 서드파티 프레임워크와 라이브러리의 엄청난 발전으로 싱 글 페이지 앱을 만드는 일이 결코 쉽지 않게 됐다. 그렇다고 더 이상 발전할 게 없다는 의 미는 아니다.

싱글 페이지 앱을 제작할 때 맞닥뜨리게 되는 이슈는 크게 세 가지다.

1. 싱글 페이지 앱에서는 데이터와 UI의 동기화에 많은 시간을 쏟게 된다. 예를 들어 사용자가 새 콘텐츠를 로딩할 때 검색 필드를 완전히 초기화해야 할까? 내비게이션 엘리먼트의 활성화된 탭을 계속 보이게 해야 할까? 페이지에 어떤 엘리먼트를 남겨둬야 하고 어떤 엘리먼트를 제거해야 할까?

   이는 모두 싱글 페이지 앱에서만 발생하는 문제다. 페이지 사이를 이동하는 예전의 앱 모델에서는 단지 UI 구성 요소 전부가 제거되고 다시 구축되는 것으로 간주되므로 그런 문제가 결코 없었다.

2. DOM은 정말이지 진심으로 느리다. 엘리먼트의 탐색, 자식 엘리먼트의 추가(그림 1.5), 하위 트리의 제거, 기타 DOM 관련 작업들은 브라우저에서 일어나는 가장 느린 작업에 포함된다. 불행히도 그런 작업은 싱글 페이지 앱에서 아주 많이 필요하다. 사용자의 행위에 반응하고 새 콘텐츠를 보여주는 주된 방법이 바로 DOM 조작이기 때문이다.

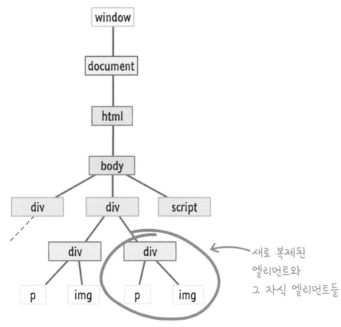

그림 1.5 자식 엘리먼트 추가

3. HTML 템플릿을 다루는 일은 고통일 수 있다. 싱글 페이지 앱 안에서의 내비게이션은 결국 보여줘야 하는 HTML 코드 조각을 다루는 일에 불과하다. 그런 HTML 코드 조각을 템플릿이라고 한다. 자바스크립트를 사용해 템플릿을 조작하거나 그 안에 데이터를 채우는 작업은 금세 복잡한 일이 돼버린다.

문제는 프레임워크에 따라 템플릿이 데이터를 바라보고 상호작용하는 방법이 천차만별이라는 사실이다. 예를 들어 머스태시^{Mustache} 템플릿을 정의하고 사용하는 모습은 다음과 같다.

```javascript
var view = {
  title: "Joe",
  calc: function () {
    return 2 + 4;
  }
};

var output = Mustache.render("{{title}} spends {{calc}}", view);
```

가끔은 템플릿이 자랑스러울 만큼 깔끔한 HTML의 모습일 경우도 있다. 그러나 그 외에는 HTML 엘리먼트에 어떤 데이터를 대응시키기 위한 한 무더기의 커스텀 태그들로 인해, 도저히 이해할 수 없는 템플릿으로 보일 수 있다.

이런 단점에도 싱글 페이지 앱은 사라지지 않았다. 싱글 페이지 앱은 현재도 일부 그렇지만 미래의 웹앱 구축에서 전부를 차지할 것이다. 그렇다고 현재의 단점들을 감수해야 한다는 뜻은 아니다. 해결책이 있기 때문이다. 바로 리액트다!

리액트와의 첫 만남

페이스북(그리고 인스타그램)은 더 이상 참을 수 없었다. 그들은 싱글 페이지 앱에 대한 풍부한 경험을 바탕으로 리액트^{React}라는 라이브러리를 발표했으며, 이는 싱글 페이지 앱 이슈의 해결뿐만 아니라 웹앱 구축에 대한 사고의 변화까지도 가져왔다.

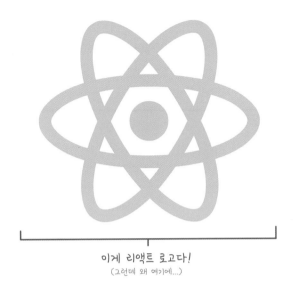

이게 리액트 로고다!
(그런데 왜 여기에...)

이제부터 리액트가 우리에게 가져다주는 대단한 것들을 살펴보자.

UI 상태의 자동 관리

싱글 페이지 앱에서 UI의 추적과 상태 관리는 힘들고 시간이 많이 드는 일이다. 그러나 리액트를 사용할 때는 오직 오직 하나만 신경 쓰면 된다. 바로 UI의 마지막 상태다. UI가 시작한 상태는 상관없다. UI를 변경하기 위해 지금까지 어떤 단계를 거쳤는지도 상관없다. 오직 중요한 건 UI의 마지막 상태다(그림 1.6).

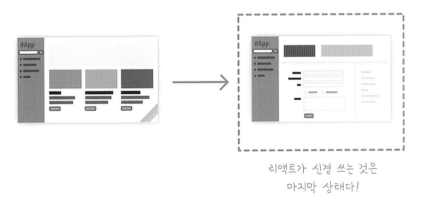

리액트가 신경 쓰는 것은
마지막 상태다!

그림 1.6 리액트에서는 UI의 마지막 상태가 중요하다.

리액트는 나머지 모두를 알아서 관리한다. 리액트는 UI가 제대로 표현되는 것을 보장하기 위해 필요한 사항을 알아서 챙기므로, 개발자는 상태 관리와 관련된 모든 사항을 더이상 신경 쓰지 않아도 된다.

번개같이 빠른 DOM 조작

DOM은 정말 느리기 때문에 리액트를 사용할 때 직접 DOM을 조작하지 않는다. 그 대신리액트는 메모리상에 가상 DOM을 만들어 조작한다(그림 1.7과 닮은 모습이다).

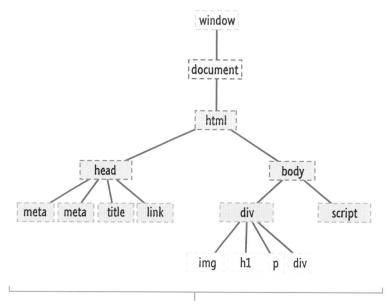

실제로 가상 DOM은 전혀 이렇게 생기지 않았으며
컬러풀하지도 않다.

그림 1.7 메모리상의 가상 DOM(상상도)

이 가상 DOM의 조작은 매우 빠르며, 리액트는 적절한 시점에만 실제 DOM을 갱신시킨다. 리액트는 가상 DOM과 실제 DOM을 비교해 변경돼야 하는 부분을 파악한 다음, 모든 사항을 최신으로 유지하는 데 필요한 최소한의 DOM 변경을 수행한다. 이 과정을 재조정reconciliation이라고 한다.

조립하기 쉬운 UI를 지원하는 API

리액트는 비주얼 요소를 하나의 큰 덩어리가 아니라 가급적 작은 여러 컴포넌트로 작게
분해해 다루기를 권장한다(그림 1.8).

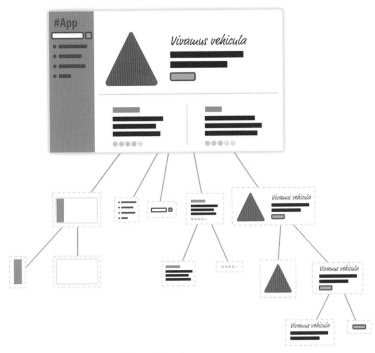

그림 1.8 비주얼 요소의 분해 방식을 보여주는 예

어떤 프로그래밍에서든 대상을 작고 독립적인 모듈로 만드는 일은 늘 바람직한 방법이
다. 리액트는 그런 오래된 개념을 사용자 인터페이스 UI와 관련된 사고의 영역으로 확장
했다. 많은 리액트의 핵심 API는 작은 비주얼 컴포넌트의 쉬운 제작을 중심으로, 나중에
다른 컴포넌트와 결합해 더 크고 복잡한 비주얼 컴포넌트를 만들 수 있게 지원한다. 마치
러시아의 전통 인형인 마트료시카처럼 말이다(그림 1.9).

그림 1.9 러시아 전통 인형 마트료시카

이게 리액트가 웹앱의 비주얼을 구축하는 우리의 사고방식을 단순화시킨 (또는 변화시킨) 대표적인 방법 가운데 하나다.

자바스크립트만으로 정의하는 비주얼

말도 안 되게 터무니없고 충격적으로 들리겠지만, 일단 내 말을 들어보기 바란다. 기괴한 문법을 차치하더라도 전통적으로 HTML 템플릿은 다른 큰 문제를 앓아왔다. 단순한 데이터 표시 외에는 할 수 있는 일의 다양성에 한계가 있다는 점이다. 예를 들어 특정 조건에 따라 UI를 바꾸고 싶다면 앱의 어딘가에서 반드시 자바스크립트를 작성해야 하거나, 또는 신기한 어떤 프레임워크에 종속적인 템플릿 명령을 사용해 만들어야 한다.

다음은 엠버^{Ember.js} 템플릿 안에서 조건문의 모습이다.

```
{{#if person}}
  Welcome back, {{person.firstName}} {{person.lastName}}!
{{else}}
  Please log in.
{{/if}}
```

리액트의 경우엔 아주 깔끔하다. 자바스크립트만으로 UI를 정의하면 템플릿 안에서 모든 종류의 작업을 자바스크립트가 제공하는 풍부한 기능을 사용해 할 수 있다. 이 경우 특정 템플릿 프레임워크로 인해 제약이 발생하는 상황과는 반대로, 자바스크립트가 지원하는 범위에 한해서는 어떤 제한도 없다.

이제 자바스크립트만으로 비주얼을 정의한다고 생각해보면, 아마도 엄청나게 많은 따옴표, 확장 문자escape character, createElement 호출 등으로 점철된 끔찍한 괴물을 떠올릴 수 있다. 그러나 걱정할 필요 없다. 리액트는 완전히 자바스크립트와 호환되면서도 HTML과 닮은, JSX라고 하는 문법을 사용해 비주얼을 지정할 수 있는 옵션을 제공하기 때문이다. JSX를 사용하면 UI를 정의하는 코드를 작성하는 방식이 아니라 다음과 같이 기본적으로 마크업을 작성하는 방식이 된다.

```
ReactDOM.render(
  <div>
    <h1>Batman</h1>
    <h1>Iron Man</h1>
    <h1>Nicolas Cage</h1>
    <h1>Mega Man</h1>
  </div>,
  destination
);
```

동일한 코드를 자바스크립트로 작성했다면 다음과 같았을 것이다.

```
ReactDOM.render(React.createElement(
  "div",
  null,
  React.createElement(
    "h1",
    null,
    "Batman"
  ),
  React.createElement(
    "h1",
    null,
    "Iron Man"
  ),
```

```
  React.createElement(
    "h1",
    null,
    "Nicolas Cage"
  ),
  React.createElement(
    "h1",
    null,
    "Mega Man"
  )
), destination);
```

깜짝이야! 보다시피 JSX를 사용면 친숙한 문법으로 쉽게 비주얼을 정의할 수 있다. 동시에 자바스크립트가 제공하는 강력함과 유연함도 여전히 누릴 수 있다. 무엇보다도 리액트에서는 비주얼 코드와 자바스크립트가 같은 장소에 존재한다. 즉, 하나의 비주얼 컴포넌트의 모양과 동작을 정의하기 위해 더 이상 여러 파일 사이를 뛰어다닐 필요가 없다는 의미다. 이게 올바른 템플릿 작업이다.

MVC 아키텍처에서의 'V'

거의 다 얘기했다. 리액트는 앱 개발의 모든 사항을 책임지는, 완전히 갖춘 프레임워크가 아니다. 그 대신 리액트는 비주얼 요소와 그 상태를 최신으로 유지하는 데 중점을 두는 뷰^{View} 레이어에서 작동한다. 이는 모델-뷰-컨트롤러^{MVC, Model-View-Controller} 아키텍처에서 M과 C에 해당하는 부분은 무엇이든 원하는 대로 자유롭게 사용할 수 있다는 의미다. 이런 유연성 덕분에 이미 익숙한 어떤 기술이든 채택할 수 있으며, 또한 새로운 웹앱 개발뿐만 아니라 엄청난 양의 코드 수정 없이도 기존 앱을 개선하는 데 리액트가 유용할 수 있다.

정리

리액트는 새로 등장하는 웹 프레임워크와 라이브러리 중에서 엄청난 성공을 거두고 있다. 이는 싱글 페이지 앱을 개발할 때 마주치는 가장 일반적인 문제를 다룰 뿐 아니라, 싱글 페이지 앱의 비주얼을 더 쉽게 구현할 수 있는 추가 기법들을 제공하기 때문이다. 리액트는 2013년 등장한 이후 꾸준히 여러 유명 웹사이트와 앱으로 영역을 확장해왔다. 페이스북과 인스타그램 이외에도 BBC, 칸아카데미Khan Academy, 페이팔PayPal, 레딧Reddit, 뉴욕타임스The New York Times, 야후Yahoo! 등 많은 유명 사이트가 리액트로 구축됐다.

1장에서는 리액트가 하는 일과 그 이유에 대해 개괄적으로 소개했다. 2장부터는 실제 프로젝트에서 리액트를 성공적으로 사용하는 데 도움 될 자세한 기술적인 설명을 포함해 모든 사안별로 깊숙이 뛰어들 것이니, 계속 자리를 지키기 바란다.

2

첫 번째 리액트 앱

1장을 읽었다면 이제 리액트의 배경 이야기를 이해하고 복잡한 사용자 인터페이스가 제 성능을 내게 하는 원리를 알게 됐을 것이다. 리액트가 선사하는 놀라운 모든 것을 직접 사용하면서 시작하는 게 무조건 간단하지만은 않다. 리액트는 그림 2.1과 같이 크고 작은 많은 장애물로 채워져 있는 가파른 학습 곡선을 갖고 있기 때문이다.

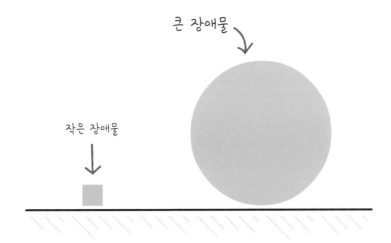

그림 2.1 장애물의 크기는 다양하다. 큰 것, 작은 것.

2장에서는 우리 손으로 직접 간단한 리액트 앱을 제작하는 일부터 시작한다. 어떤 장애 물은 부딪칠 수도 있고 어떤 장애물은 일단 건너뛸 수도 있다. 2장을 마칠 때 즈음이면 친구나 가족에게 자랑스럽게 으스댈 수 있는 어떤 결과물을 만들었을 뿐만 아니라, 우리 스스로가 리액트가 제시하는 모든 사항에 대해 깊이 파고들 수 있는 준비 운동이 됐을 것이다.

JSX 다루기

앱 개발을 시작하기 전에 먼저 다뤄야 할 중요한 사항이 있다. 리액트는 우리가 써 봤을 다른 많은 자바스크립트 라이브러리와는 다르다. 단순히 스크립트 태그에서 코드를 작성하고 참조하는 건 즐거운 일이 아니다. 리액트는 짜증나게도 그런 방법을 채용했으며, 그렇게 해야만 리액트 앱을 빌드할 수 있게 했다.

알다시피 웹앱(또는 브라우저에서 실행되는 모든 것)은 HTML, CSS, 자바스크립트로 구성된다(그림 2.2).

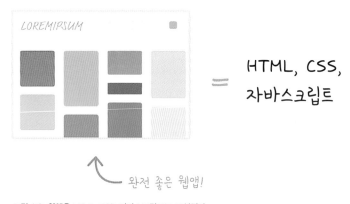

그림 2.2 웹앱은 HTML, CSS, 자바스크립트로 구성된다.

웹앱을 리액트로 만들든, 아니면 앵귤러AngularJS나 넉아웃Knockout, 또는 제이쿼리jQuery 등으로 만들든 이는 중요하지 않다. 최종 결과가 반드시 HTML, CSS, 자바스크립트의 조합이어야 한다는 점이 주요하다. 그렇지 않으면 브라우저는 뭘 해야 하는지 알지 못하기 때문이다.

여기가 바로 리액트만의 특성이 끼어드는 지점이다. 보통의 HTML, CSS, 자바스크립트 외에도 상당 부분을 JSX로 리액트 코드를 작성해야 하기 때문이다. 1장, '리액트 소개'에서 언급했듯 JSX를 사용하면 쉽게 자바스크립트와 HTML 태그를 합쳐 사용자 인터페이스 UI 요소와 기능을 정의할 수 있다. 여기까지는 멋지게 들린다(그리고 잠시 후에 JSX의 실제 사용 방법을 볼 것이다). 그러나 미묘한 문제가 하나 있다. 브라우저가 JSX에 대해 모른다는 사실이다.

리액트를 사용해 웹앱을 만들 때는 JSX를 브라우저가 이해할 수 있는 평범한 자바스크립트로 변환시킬 방법이 필요하다(그림 2.3).

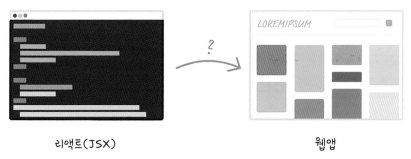

리액트(JSX)   웹앱

그림 2.3 JSX는 브라우저가 이해할 수 있는 대상으로 바뀌어야 한다.

그렇지 않으면 우리의 리액트 앱은 작동하지 않는다. 다행히 이를 위한 두 가지 해법이 있다.

1. 노드Node.js와 그 외 빌드 툴 등으로 구성된 개발 환경을 구축한다. 이 경우 빌드를 수행할 때마다 JSX의 모든 사항이 자동으로 자바스크립트로 변환되며, 다른 일반적인 자바스크립트 파일처럼 참조할 수 있게 파일이 디스크에 저장된다.

2. 런타임 시에 브라우저가 JSX를 자바스크립트로 자동 변환하게 한다. 이 경우 다른 자바스크립트의 경우처럼 JSX를 직접 지정하면 되고, 나머지는 브라우저가 알아서 처리한다.

실제로 두 방법 모두 자주 쓰이므로, 각 방법이 어떤 영향을 주는지 알아보자.

첫 번째 방법은 처음에는 약간 복잡하고 시간이 걸릴 수 있음에도, 오늘날 현대적인 웹 개발에서 대표적인 방식이다. 이 방식을 사용하면 JSX에서 JS로의 컴파일(더 정확히는 트랜스파일transpile)뿐만 아니라, 여러 모듈과 빌드 툴, 그 외 복잡한 웹앱의 관리에 필요한 많은 기능을 이용할 수 있다.

두 번째는 개발 환경에 손을 대는 시간을 절약하고 그 대신 코드 작성에 더 많이 집중할 수 있는 빠른 직통의 방법이다. 오직 스크립트 파일 하나만 참조하면 되기 때문이다. 이 스크립트 파일은 페이지가 로딩될 때 JSX를 JS로 변환하기 때문에 개발 환경과 관련된 어떤 특별한 일을 하지 않아도 리액트 앱이 살아 숨 쉬게 할 수 있다.

리액트 입문자인 우리는 두 번째 방법을 사용할 것이다. 그럼 항상 두 번째 방법만 사용하면 되지 않느냐는 의문이 들 수 있다. 그 이유는 브라우저가 매번 JSX를 JS로 변환하는 데 소요되는 시간으로 인해 성능이 저하될 수 있기 때문이다. 이는 우리가 리액트를 배울 때는 충분히 감내할 수 있으나, 실제 사용하고자 앱을 배포하는 상황에서는 용인할 수 없다. 따라서 우리는 나중에 첫 번째 방법을 살펴보고 개발 환경을 설정하는 일을 해볼 것이다. 물론 리액트에 편하게 발을 담그고 난 뒤에 말이다.

리액트 시작하기

앞서 우리는 리액트 앱을 브라우저가 이해할 수 있는 형태로 만드는 두 가지 방법을 살펴봤다. 이제 말로만 했던 내용을 실습해볼 차례다. 우선 시작 지점에 해당하는 빈 HTML 페이지 하나를 준비해야 한다.

다음과 같은 내용의 HTML 문서를 만들자.

```
<!DOCTYPE html>
<html>

<head>
  <meta charset="utf-8">
  <title>React! React! React!</title>
</head>

<body>
  <script>

  </script>
</body>

</html>
```

이 페이지에는 아직 흥미롭거나 관심 가질 만한 내용이 전혀 없지만, 먼저 리액트 라이브러리에 대한 참조를 시작으로 점차 발전해 나갈 것이다. title 태그의 바로 아래에 다음 두 라인을 추가하자.

```
<script src="https://unpkg.com/react@16/umd/react.development.js"></script>
<script src="https://unpkg.com/react-dom@16/umd/react-dom.development.js"></script>
```

이 두 라인은 핵심 리액트 라이브러리와 리액트가 DOM에 대해 작업할 때 필요한 다양한 기능을 추가한다. 리액트 라이브러리가 없으면 리액트 앱을 전혀 만들 수 없다.

아직 참조해야 할 라이브러리가 하나 더 있으므로 다시 다음 라인 하나를 추가하자.

```
<script src="https://unpkg.com/babel-standalone@6.15.0/babel.min.js"></script>
```

여기서는 바벨^{Babel}(https://babeljs.io/)이라는 자바스크립트 컴파일러의 참조를 추가했다.

바벨은 다양한 역할을 할 수 있으나, 우리의 관심사는 JSX를 자바스크립트로 변환하는 기능이다.

이 시점에서 HTML 페이지의 코드는 다음과 같아야 한다.

```
<!DOCTYPE html>
<html>

<head>
  <meta charset="utf-8">
  <title>React! React! React!</title>
  <script src="https://unpkg.com/react@16/umd/react.development.js"></script>
  <script src="https://unpkg.com/react-dom@16/umd/react-dom.development.js"></
script>
  <script src="https://unpkg.com/babel-standalone@6.15.0/babel.min.js"></script>
</head>

<body>
  <script>

  </script>
</body>

</html>
```

지금은 브라우저에서 이 페이지를 열어도 아무것도 보이지 않을 것이다. 그래도 괜찮다. 앞으로 계속해서 수정해 나갈 것이니 말이다.

이름 보여주기

이제 리액트를 사용해 화면에 이름을 보여줄 것이다. 이는 render라는 메소드를 사용함으로써 가능하다. 빈 script 태그 안에 다음과 같은 코드를 추가하자.

```
ReactDOM.render(
  <h1>Sherlock Holmes</h1>,
  document.body
);
```

당장은 이해되지 않아도 걱정하지 말길 바란다. 지금의 목적은 화면에 무엇인가 보여주는 것이며, 잠시 후 코드에 대해 이해하는 시간을 가질 것이다. 이 페이지를 브라우저에서 확인하기에 앞서, 바벨이 마법을 부릴 수 있게 스크립트 영역에 지정해야 할 사항이 있다. 다음과 같이 script 태그의 type 속성에 text/babel이라는 값을 설정하자.

```
<script type="text/babel">
  ReactDOM.render(
    <h1>Sherlock Holmes</h1>,
    document.body
  );
</script>
```

코드를 수정했으니 브라우저에서 이 페이지를 확인해보자. 아마도 그림 2.4와 같이 Sherlock Holmes라는 이름이 대문짝만하게 나타날 것이다.

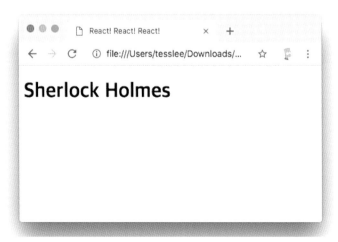

그림 2.4 브라우저에 나타난 셜록 홈스

축하한다. 드디어 리액트를 사용한 앱을 처음 만들었다!

이 앱은 다른 일반적인 앱에 비해 전혀 흥미롭지 않다. 게다가 우리 중 누구도 이름이 셜록 홈스일 리가 없다. 이 앱에 대단한 게 있지는 않지만, 대신 리액트 세상에서 가장 자주 사용하게 될 메소드 중의 하나를 만났다. 바로 ReactDOM.render 메소드다.

render 메소드는 두 개의 인자를 받는다.

1. 화면에 출력하고 싶은 HTML(즉, JSX)

2. 그 JSX를 렌더링해 보여줄 DOM 안의 위치

앞서 작성한 render 메소드를 다시 보자.

```
ReactDOM.render(
  <h1>Sherlock Holmes</h1>,
  document.body
);
```

첫 번째 인자는 h1 태그로 둘러싼 Sherlock Holmes라는 텍스트다. 이 자바스크립트 안의 HTML처럼 생긴 문법이 JSX의 전부다. 나중에 JSX에 대해 파고들 시간을 충분히 가질 테지만, 지금 먼저 언급해야 할 말이 있다. JSX는 정말 미쳤다! 자바스크립트의 괄호와 슬래시를 볼 때마다 죽을 맛인데, 내가 해야 할 일이 모두 확장 문자와 따옴표 등으로 뒤섞여 횡설수설하는 모습을 만들기 때문이다. 그러나 JSX라면 그럴 일이 없다. 앞서 했듯 HTML과 닮은 코드를 작성하면 된다. 그러면 용의 눈에서 레이저 빔이 발사되는 어마어마한 상황이 벌어진다. 그렇게만 해도 마법처럼 작동이 잘되니 말이다.

두 번째 인자는 document.body인데, 이 인자에 대해서는 터무니없거나 이상할 게 없다. 단순히 JSX로부터 변환된 마크업을 DOM 안의 어디에 위치시킬 것인지 지정하는 것뿐이다. 이 예제에서는 render 메소드가 실행되면 h1 태그가 문서의 body 엘리먼트에 위치하게 된다.

이 예제는 그냥 이름이 아니라 자신의 이름을 보여주는 게 목표다. 자신의 이름으로 코드를 수정하기 바란다. 필자는 다음과 같이 수정했다.

```
ReactDOM.render(
  <h1>Batman</h1>,
  document.body
);
```

아, 내 이름이 배트맨이었던 것 같다. 아무튼 이 페이지를 브라우저에서 확인하면 셜록 홈스 대신 자신의 이름이 보이게 될 것이다.

여전히 익숙한 기술

JSX 덕분에 자바스크립트가 새롭고 빛나 보이지만, 결국 브라우저가 인식하는 최종 결과는 깔끔한 HTML, CSS, 자바스크립트일 뿐이다. 이를 확인하기 위해 우리 앱의 모양과 동작에 약간의 변화를 줘 보자.

목적지 변경

처음 할 일은 JSX가 출력될 위치를 변경하는 일이다. 자바스크립트를 사용해 body 엘리먼트 안에 바로 집어넣는 방법은 결코 좋은 생각이 아니다. 특히 다른 JS 라이브러리나 프레임워크를 리액트와 함께 사용할 경우에 여러 문제가 발생할 수 있기 때문이다. 따라서 별도의 새로운 엘리먼트를 하나 만들어, 이를 새로운 루트 엘리먼트로 사용하는 방법을 권장한다. 그 엘리먼트는 render 메소드가 사용할 목적지 역할을 할 것이다. 이를 구현하기 위해 HTML로 돌아가 container라는 값의 id를 갖는 div 엘리먼트 하나를 추가하자.

```
<body>
  <div id="container"></div>
  <script type="text/babel">
    ReactDOM.render(
      <h1>Batman</h1>,
      document.body
    );
  </script>
</body>
```

컨테이너인 div 엘리먼트를 정의했으므로, render 메소드가 document.body 대신 이를 사용할 수 있게 다음과 같이 수정한다.

```
ReactDOM.render(
  <h1>Batman</h1>,
  document.querySelector("#container")
);
```

또는 다음과 같이 render 메소드의 외부에서 목적지를 정의하는 방법도 있다.

```
var destination = document.querySelector("#container");

ReactDOM.render(
  <h1>Batman</h1>,
  destination
);
```

destination 변수는 컨테이너 DOM 엘리먼트의 참조를 저장한다. render 메소드에서는 엘리먼트를 찾는 완전한 코드를 작성하는 대신, 그냥 destination 변수를 사용하면 된다. 이렇게 하는 이유는 간단하다. 우리는 여전히 자바스크립트를 사용하고 있으며, 두 개의 인자를 받는 건 지겨운 옛날 방식이기 때문이다.

스타일 입히기!

이제 마지막 변경 작업을 할 시간이다. 지금은 브라우저가 지원하는 기본 h1 스타일로 이름이 표시된다. 한마디로 끔찍하다. 약간의 CSS를 추가해 이를 고쳐보자. head 태그 안에 style 영역을 추가하고 그 안에 다음과 같은 코드를 작성한다.

```
<style>
  #container {
    padding: 50px;
    background-color: #EEE; }
  #container h1 {
    font-size: 144px;
    font-family: sans-serif;
    color: #0080A8;
  }
</style>
```

이 모든 것을 추가했으면 브라우저에서 페이지를 열어보자. 브라우저의 기본 스타일에 의존했던 때보다는 좀 더 나아 보일 것이다(그림 2.5).

그림 2.5 CSS를 추가한 결과

이게 작동하는 이유는 리액트 코드가 실행된 다음 h1 태그를 갖는 container 엘리먼트가 DOM의 body에 포함되기 때문이다. h1 태그가 JSX 문법의 자바스크립트 부분에 정의돼 있거나 CSS가 render 메소드의 외부에 정의돼 있다는 사실은 중요하지 않다. 리액트 앱의 최종 결과가 100% 유기농인 HTML, CSS, 자바스크립트로 만들어졌기 때문이다. 트랜스파일된 자바스크립트가 어떤 모양일지 다음 코드를 참고하기 바란다.

```
<!DOCTYPE html>
<html>

<head>
  <meta charset="utf-8">
  <title>React! React! React!</title>
  <script src="https://unpkg.com/react@16/umd/react.development.js"></script>
  <script src="https://unpkg.com/react-dom@16/umd/react-dom.development.js">
</script>
  <script src="https://unpkg.com/babel-standalone@6.15.0/babel.min.js"></script>

  <style>
    #container {
```

```
      padding: 50px;
      background-color: #EEE;
    }
    #container h1 {
      font-size: 144px;
      font-family: sans-serif;
      color: #0080A8;
    }
  </style>
</head>

<body>
  <div id="container"></div>
  <script type="text/babel">
    var destination = document.querySelector("#container");

    ReactDOM.render(React.createElement(
      "h1",
      null,
      "Batman"
    ), destination);
  </script>
</body>

</html>
```

여기서 리액트같이 보이는 코드의 흔적은 전혀 찾을 수 없다는 사실에 주목하기 바란다.

정리

여기서는 처음 리액트 앱을 만들면서 많은 기반을 다졌다. 가장 큰 요점 중 하나는 리액트가 JSX라는 새로운 언어를 사용해 비주얼을 정의한다는 점에서 다른 라이브러리와 차별된다는 사실이다. 2장에서는 render 메소드에 h1 태그를 정의할 때 JSX에 대해 잠깐 맛봤다.

JSX의 영향력은 UI 엘리먼트를 정의하는 것 너머에까지 미친다. 또한 앱을 빌드하는 방법 자체를 바꾸게 한다. 브라우저는 태생적으로 JSX를 이해하지 못하므로 JSX를 자바스크립트로 바꾸는 중간 단계가 필요하기 때문이다. 하나는 JSX가 트랜스파일된 자바스크립트 결과물을 생성시키는 방법이다. 다른 하나는 바벨 라이브러리를 사용해 브라우저상에서 JSX를 자바스크립트로 번역하는, 2장에서 우리가 사용했던 방법이다. 이는 성능 이슈가 있으므로 실제로 출시할 앱의 경우에는 권장되지 않지만, 우리가 리액트와 친숙해지는 기간 동안에는 더 없이 편리한 방법이다.

이후에는 JSX를 더욱 자세히 알아보고, 또한 리액트가 제 역할을 하게 만드는 모든 중요한 사항들을 살펴볼 것이다.

> **노트: 무엇이든 물어보세요!**
> 어떤 궁금증이 있거나 코드가 예상대로 잘 작동하지 않는다면 망설이지 말고 질문하기 바란다.
> https://forum.kirupa.com에 질문을 올리면 인터넷상의 친절하고 똑똑한 사람들로부터 도움을 받을 수 있다!

3
리액트 컴포넌트

컴포넌트는 리액트를 리액트답게 만드는 것 중 하나다. 컴포넌트는 사용자가 앱을 사용할 때 보게 되는 비주얼과 그 상호작용을 정의하는 주된 방법이다. 예를 들어 완성된 앱의 모습이 그림 3.1과 같다고 가정해보자.

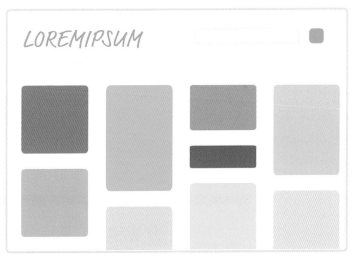

그림 3.1 완성된 가상의 앱

이는 재료들이 섞여 완성된 소시지와도 같다. 리액트 프로젝트의 시각에서 보면 개발하는 도중에는 이 모든 것이 별로 흥미롭지 않다. 앱의 비주얼을 담당하는 거의 모든 부분이 컴포넌트라고 하는 독립적인 모듈에 싸여 있기 때문이다. '거의 모든'이라는 의미를 알기 위해 그림 3.2의 다이어그램을 잠시 살펴보자.

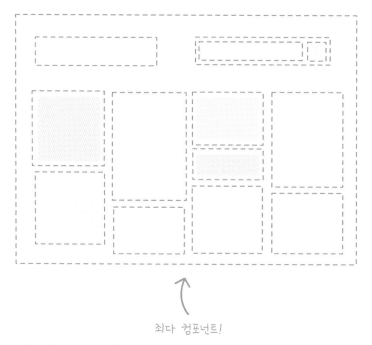

죄다 컴포넌트!

그림 3.2 앱 컴포넌트를 표현한 다이어그램

점선으로 둘러싸인 각 부분은 모양과 기능을 책임지는 개별 컴포넌트를 나타낸다. 겁먹을 필요 없다. 굉장히 복잡해 보이지만 일단 컴포넌트를 사용하면서 기막힌 경험을 하게 되거나, 최소한 시도라도 해본다면 완전히 의미 있는 일임을 알게 될 것이다.

함수에 대한 짧은 복습

자바스크립트에는 함수^{function}라는 게 있다. 함수는 코드를 더 명확하고 재사용 가능하게 만든다. 여기서 군이 함수에 대해 얘기하는 이유가 있으며, 결코 귀찮게 하려는 의도는 아니다! 개념적으로 함수는 리액트 컴포넌트와 많은 부분을 표면적으로 공유하기 때문이며, 또한 컴포넌트가 어떤 일을 하는지 가장 쉽게 이해할 수 있는 방법이 바로 함수를 살펴보는 일이기 때문이다.

함수라는 게 없는 끔찍한 세상에서는 다음과 같은 식으로 코드를 짜야 할 것이다.

```
var speed = 10;
var time = 5;
alert(speed * time);

var speed1 = 85;
var time1 = 1.5;
alert(speed1 * time1);

var speed2 = 12;
var time2 = 9;
alert(speed2 * time2);

var speed3 = 42;
var time3 = 21;
alert(speed3 * time3);
```

함수가 존재하는 느긋한 세상에서는 중복되는 코드를 다음과 같이 하나로 압축할 수 있다.

```
function getDistance(speed, time) {
  var result = speed * time;
  alert(result);
}
```

getDistance 함수 덕분에 중복 코드를 모두 제거했으며, speed와 time을 인자로 받아 계산하게 커스터마이징했다.

이제 다음과 같은 식으로 이 함수를 호출할 수 있다.

```
getDistance(10, 5);
getDistance(85, 1.5);
getDistance(12, 9);
getDistance(42, 21);
```

별로 놀랍지 않은가? 그렇지만 함수가 제공하는 또 다른 가치가 더 있다. 바로 함수 안에서 다른 함수를 호출할 수 있다는 사실이다. 다음은 getDistance의 계산 결과를 다시 formatDistance로 넘기며 호출하는 예다.

```
function formatDistance(distance) {
  return distance + " km";
}

function getDistance(speed, time) {
  var result = speed * time;
  alert(formatDistance(result));
}
```

어떤 함수에서 다른 함수의 호출이 가능하다는 점은 함수가 해야 할 일을 명확히 분리할 수 있게 해준다. 결코 모든 것을 거대한 함수 하나에 담을 필요가 없다. 각 작업에 특화된 여러 함수를 만들어 기능을 분배할 수 있기 때문이다.

무엇보다도 함수의 동작을 변경한 다음에는 그 결과의 확인 외에 다른 일을 할 필요가 없다. 만약 함수의 시그니처를 바꾸지 않았다면 그 함수를 호출하는 코드는 건드리지 않아도 변경된 함수의 내용대로 동작한다.

요컨대 함수는 굉장한 것이다. 모든 사람들이 그 사실을 안다. 그게 우리가 작성하는 모든 코드 안에 늘 함수가 존재하는 이유다.

UI를 다루는 방식의 변화

누구도 함수의 유용함을 부정하지는 않을 것이다. 함수는 온당한 방식으로 앱의 코드 구조를 만들게 한다. 그러나 코딩할 때와 동일한 수준으로 UI를 만드는 일이 항상 가능하지는 않다. 우리는 UI 관련 작업을 할 때 여러 기술적인 이유나 그 밖의 이유로 다소 지저분함이 생기는 상황을 늘 참아왔다.

충분히 논란이 있을 만한 말이므로 잠시 예제를 보며 그 의미를 설명하겠다. 2장에서 작성했던 render 메소드로 돌아가보자.

```
var destination = document.querySelector("#container");

ReactDOM.render(
  <h1>Batman</h1>,
  destination
);
```

h1 엘리먼트 덕분에 화면에는 Batman이라는 큼지막한 단어가 나타난다. 이제 배트맨 뿐만 아니라 다른 슈퍼히어로들의 이름도 보여줄 수 있게 변경해보자. 그러기 위해서는 render 메소드를 다음과 같이 수정하면 된다.

```
var destination = document.querySelector("#container");

ReactDOM.render(
  <div>
    <h1>Batman</h1>
    <h1>Iron Man</h1>
    <h1>Nicolas Cage</h1>
    <h1>Mega Man</h1>
  </div>,
  destination
);
```

주목할 게 하나 있다. 슈퍼히어로의 이름을 보여줄 네 개의 h1 엘리먼트를 담는 div 하나 가 등장한 것이다.

좋다. 이제 각 슈퍼히어로의 이름을 담고 있는 네 개의 h1 엘리먼트가 있다. 그런데 h1 대 신 모두 h3로 바꾸고 싶다면 어떻게 할까? 다음과 같이 수작업으로 모두 변경할 수 있다.

```
var destination = document.querySelector("#container");

ReactDOM.render(
  <div>
    <h3>Batman</h3>
    <h3>Iron Man</h3>
    <h3>Nicolas Cage</h3>
    <h3>Mega Man</h3>
  </div>,
  destination
);
```

이 상태에서 브라우저로 확인해보면 스타일이 거의 없는 평범한 텍스트를 볼 수 있다(그 림 3.3).

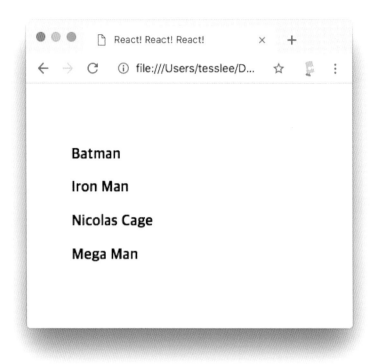

그림 3.3 매우 평범한 모습의 슈퍼히어로 이름들

지금 여기서 미친듯이 스타일 작업에 열중하고 싶은 마음은 없다. 단지 그냥 슈퍼히어로
의 이름을 i 태그를 사용해 모두 이탤릭체로 만들고 싶을 뿐이다. 이 역시 다음과 같이
수작업으로 변경할 수 있다.

```
var destination = document.querySelector("#container");

ReactDOM.render(
  <div>
    <h3><i>Batman</i></h3>
    <h3><i>Iron Man</i></h3>
    <h3><i>Nicolas Cage</i></h3>
    <h3><i>Mega Man</i></h3>
  </div>,
```

```
 destination
);
```

지금까지 h1 엘리먼트를 수정하고 i 태그를 추가하는 과정을 거쳤다. 슬슬 문제가 보이기 시작하는가? 우리가 UI에 대해 한 일은 결국 다음과 같은 식으로 코드를 작성하는 일과 다를 게 없다.

```
var speed = 10;
var time = 5;
alert(speed * time);

var speed1 = 85;
var time1 = 1.5;
alert(speed1 * time1);

var speed2 = 12;
var time2 = 9;
alert(speed2 * time2);

var speed3 = 42;
var time3 = 21;
alert(speed3 * time3);
```

모든 인스턴스에 대해 h1을 h3로 변경한 것은 모두 중복된 반복 작업이다. 단지 엘리먼트의 모양을 바꾸는 정도가 아닌, 더 복잡한 작업이 필요했다면 어땠을까? 지금까지 우리가 사용한 단순한 예제가 아닌, 훨씬 더 복잡한 앱이었다면 어땠을까? 우리가 한 일은 전혀 확장성 없는 작업이었다. 수작업으로 하나하나 수정하는 일은 시간이 많이 걸리기 때문이다. 게다가 지루하다.

이제 엉뚱한 생각을 한번 해보자. 함수가 갖는 놀라운 특징을 어떤 식으로든 우리 앱의 비주얼을 정의하는 데 적용할 수 있다면 어떨까? 그렇다면 혹시 앞서 봤던 비효율성이 해결되지 않을까? 곧 알게 되겠지만 그 '어떨까?'라는 질문에 대한 답이 바로 리액트가 갖고 있는 핵심이다. 드디어 우리가 컴포넌트를 처음 만날 시간이 된 것이다.

리액트 컴포넌트와의 첫 만남

이 모든 문제(심지어 우리의 실존주의적 고민까지도)에 대한 해법은 리액트 컴포넌트에서 찾을 수 있다. 리액트 컴포넌트는 JSX를 통해 HTML 엘리먼트를 출력할 수 있는, 재사용 가능한 자바스크립트 덩어리다. 엄청난 일을 해결할 수 있는 존재에 대한 묘사치고는 정말 재미없게 들린다. 그러나 컴포넌트를 빌드하고 점차 복잡한 작업을 진행할수록, 앞서 묘사했던 대로 컴포넌트가 정말 강력하고 대단하다는 사실을 알게 될 것이다.

이제 두어 개의 컴포넌트를 빌드하는 작업으로 시작하자. 먼저 빈 리액트 문서부터 준비한다.

```
<!DOCTYPE html>
<html>

<head>
  <meta charset="utf-8">
  <title>React Components</title>
  <script src="https://unpkg.com/react@16/umd/react.development.js"></script>
  <script src="https://unpkg.com/react-dom@16/umd/react-dom.development.js">
</script>
  <script src="https://unpkg.com/babel-standalone@6.15.0/babel.min.js"></script>
</head>

<body>
  <div id="container"></div>
  <script type="text/babel">

  </script>
</body>

</html>
```

지금은 별 게 없다. 2장 초반에서와 마찬가지로 뼈대만 있다. 다만 리액트 및 바벨 라이브러리의 참조와, container라는 자랑스러운 id를 가진 div 엘리먼트가 포함됐을 뿐이다.

Hello, World! 컴포넌트 만들기

정말 쉬운 것부터 시작하자. 우리는 컴포넌트를 사용해 그 유명한 'Hello, world!' 텍스트를 화면에 출력하고자 한다. 이미 알고 있는 ReactDOM.render 메소드를 사용해 다음과 같은 코드를 만들 수 있다.

```
ReactDOM.render(
  <div>
    <p>Hello, world!</p>
  </div>,
  document.querySelector("#container")
);
```

이제 컴포넌트를 사용하는 버전으로 다시 만들어보자. 리액트에서 컴포넌트를 만드는 방법은 여러 가지가 있지만, 지금은 클래스 문법을 사용할 것이다. 다음과 같이 기존 render 메소드 위에 새 코드를 추가한다.

```
class HelloWorld extends React.Component {

}

ReactDOM.render(
  <div>
    <p>Hello, world!</p>
  </div>,
  document.querySelector("#container")
);
```

혹시 클래스 문법이 낯설다면 내 온라인 튜토리얼인 "자바스크립트에서 클래스 사용하기Using Classes in JavaScript(https://www.kirupa.com/javascript/classy_way_to_create_objects.htm)"를 먼저 확인하기 바란다.

다시 코드로 돌아와서, 여기서는 HelloWorld라는 컴포넌트를 하나 만들었다. React.Component를 확장했으므로 정확히 컴포넌트가 맞다. 그렇지 않았다면 그냥 하나의 빈 클래스에 불과했을 것이다. 추후 HelloWorld가 해야 할 일을 정의하기 위해 이 클래스 안에 어떤 종류의 속성이든 넣을 수 있다. 컴포넌트를 제대로 작동시키기 위해 리액트가 사용하는 특별한 속성들이 있는데, 그런 필수 속성 중의 하나는 바로 render 메소드다.

이제 다음과 같이 HelloWorld 컴포넌트에 render 메소드를 추가하자.

```
class HelloWorld extends React.Component {
  render() {

  }
}
```

앞서 봤던 ReactDOM.render의 경우와 마찬가지로, 컴포넌트 안의 render 메소드 역시 JSX를 처리할 책임이 있다. 이제 Hello, componentized world!를 리턴하게 다음과 같이 render 메소드를 수정하자.

```
class HelloWorld extends React.Component {
  render() {
    return <p>Hello, componentized world!</p>
  }
}
```

여기서는 render 메소드가 Hello, componentized world!라는 텍스트를 나타내는 JSX를 리턴하게 수정했다. 이제 이 컴포넌트를 사용하는 일만 남았다. 정의된 컴포넌트를 사용하려면 호출하면 된다. 우리의 오랜 친구인 ReactDOM.render 메소드를 통해서 말이다.

ReactDOM.render 메소드에서 컴포넌트를 호출하는 방법은 약간 독특한데, 일단 ReactDOM.render의 첫 번째 인자를 다음과 같이 바꿔보자.

```
ReactDOM.render(
  <HelloWorld/>,
  document.querySelector("#container")
);
```

절대 오타가 아니다! HelloWorld 컴포넌트를 호출하는 JSX는 매우 HTML같이 생긴 <HelloWorld/>다. 브라우저에서 이 페이지를 확인해보면 Hello, componentized world!라는 텍스트가 화면에 보일 것이다. 마음 졸이며 숨죽이고 있었다면 이제 긴장을 풀어도 좋다.

HelloWorld를 호출하는 문법에 너무 큰 충격을 받아 긴장을 풀기 어렵다면, 다음 그림 3.4에 있는 원을 몇 초 동안 응시하기 바란다.

이 원을 편하게
응시할 것!

그림 3.4 그냥 기분 전환용!

자, 다시 현실로 돌아오자. 상당히 기이하게 여겼겠지만 단순하게 생각하자. <Hello World/> 컴포넌트는 완벽히 통제 가능한 기능의 새로운 HTML 태그인 것으로 말이다. 이는 모든 'HTML스러운' 종류의 작업들도 할 수 있다는 의미다.

예를 들기 위해 ReactDOM.render 메소드를 다음과 같이 수정해보자.

```
ReactDOM.render(
  <div>
    <HelloWorld/>
  <div>,
  document.querySelector("#container")
);
```

보다시피 HelloWorld 컴포넌트를 div 엘리먼트로 감쌌다. 이 상태에서 브라우저로 확인하면 여전히 잘 나올 것이다. 여기서 한발 더 나아가자! HelloWorld를 한 번이 아니라 여러 번 호출하게 ReactDOM.render 메소드를 다음과 같이 수정한다.

```
ReactDOM.render(
  <div>
    <HelloWorld/>
    <HelloWorld/>
    <HelloWorld/>
    <HelloWorld/>
    <HelloWorld/>
    <HelloWorld/>
  <div>,
  document.querySelector("#container")
);
```

이제 화면에서 한 다발의 Hello, componentized world! 텍스트를 볼 수 있을 것이다. 하나만 더 하고 넘어가자. HelloWorld 컴포넌트를 선언한 부분으로 돌아가서 다음과 같이 Hello, world!라는 전설적인 텍스트를 리턴하게 수정한다.

```
class HelloWorld extends React.Component {
  render() {
    return <p>Hello, world!</p>
  }
}
```

이렇게 변경한 후에 브라우저에서 확인해보자. 이번에는 모든 HelloWorld 호출의 결과로 한 다발의 Hello, world!가 보이게 된다. 일일이 HelloWorld 호출 부분을 건드리지 않고도 말이다. 멋진 일이다!

속성 지정

지금 시점에서 우리의 컴포넌트는 단 하나, Hello, world!를 화면에 보여주는 일만 한다. 그와 같은 일은 다음과 같이 자바스크립트 함수를 사용해서도 할 수 있다.

```
function getDistance() {
  alert("42km");
}
```

아주 특별한 상황이 아니라면, 이 자바스크립트 함수가 그다지 유용한 것 같지는 않다. 따라서 이 함수의 유용성을 높이기 위해 인자를 받아들이게 하면 좋겠다.

```
function getDistance(speed, time) {
  var result = speed * time;
  alert(result);
}
```

이제 이 함수는 42km가 아니더라도 다양한 상황에서 사용할 수 있게 됐다.

컴포넌트도 그와 비슷하게 사용할 수 있다. 즉, 함수와 마찬가지로 컴포넌트에도 인자를 전달해 그에 맞게 동작하게끔 할 수 있다. 우선 약간 다른 용어를 사용하므로 짚고 가자면, 함수 세계에서 인자라고 불렀던 것을 컴포넌트 세계에서는 속성property이라고 한다. 이제 속성을 직접 사용해보자.

반드시 World가 아니더라도, 환영하고 싶은 상대를 지정할 수 있게 HelloWorld 컴포넌트를 수정하고자 한다. 예컨대 HelloWorld를 호출할 때 Bono를 지정하면 화면에 Hello, Bono!가 나타나게 하고 싶다는 말이다.

컴포넌트에 속성을 추가하기 위해서는 순서대로 다음 두 가지 작업이 필요하다.

첫 번째 작업: 컴포넌트 정의 변경

현재의 HelloWorld 컴포넌트는 항상 리턴 값의 일부로 Hello, world!가 포함되게 하드코딩돼 있다. 처음 해야 할 일은 속성으로 넘어온 값을 리턴할 수 있게 컴포넌트의 동작을 변경하는 일이다. 그렇게 하려면 속성의 이름이 필요한데, 이 예제에서는 greetTarget이라고 정했다.

그럼 컴포넌트의 일부로서 greetTarget값을 지정하기 위해 다음과 같이 수정하자.

```
class HelloWorld extends React.Component {
  render() {
    return <p>Hello, {this.props.greetTarget}!</p>
  }
}
```

모든 컴포넌트가 접근할 수 있는 props라는 속성을 통해 호출하게 변경했다. 속성을 중괄호로 감싸서 지정했다는 점을 주목하자. JSX에서는 표현식expression으로 처리되게 하려면 반드시 중괄호로 감싸야 한다. 그렇지 않으면 this.props.greetTarget이라는 텍스트가 그대로 출력되기 때문이다.

두 번째 작업: 컴포넌트 호출 수정

컴포넌트의 정의 부분을 수정했다면, 남은 건 컴포넌트 호출 시 속성 값을 전달하게 하는 일이다. 이는 컴포넌트 속성의 이름과 동일한 이름의 엘리먼트 속성을 추가함으로써 가능하다. 이 예제에서는 HelloWorld를 호출하는 부분에서 greetTarget 속성과 원하는 값을 추가하면 된다.

그럼 다음과 같이 HelloWorld 호출 부분을 수정하자.

```
ReactDOM.render(
  <div>
    <HelloWorld greetTarget="Batman"/>
    <HelloWorld greetTarget="Iron Man"/>
    <HelloWorld greetTarget="Nicolas Cage"/>
    <HelloWorld greetTarget="Mega Man"/>
    <HelloWorld greetTarget="Bono"/>
    <HelloWorld greetTarget="Catwoman"/>
  <div>,
  document.querySelector("#container")
);
```

이제 각 HelloWorld의 호출마다 우리가 반기고 싶은 슈퍼히어로(또는 신화적 존재)의 이름을 담은 greetTarget 속성이 추가됐다. 브라우저에서 확인해보면 원하는 결과를 볼 수 있을 것이다.

다음으로 넘어가기 전에 알아둬야 할 중요한 사항이 하나 있다. 컴포넌트의 속성은 하나가 아니어도 된다는 점이다. 원하는 만큼 속성을 추가할 수 있으며, props는 어떤 속성의 요청이라도 어렵지 않게 수용할 것이다.

자식 다루기

앞서 봤듯 JSX 컴포넌트는 보통의 HTML 엘리먼트와 매우 유사하다. 또한 컴포넌트를 div 엘리먼트로 감싸거나 엘리먼트 속성을 지정하는 모습도 봤다. 게다가 다른 많은 HTML 엘리먼트와 마찬가지로 컴포넌트도 자식을 가질 수 있다.

즉, 다음과 같은 식으로 사용할 수 있다는 의미다.

```
<CleverComponent foo="bar">
  <p>Something!</p>
</CleverComponent>
```

여기서 CleverComponent 컴포넌트는 p 엘리먼트를 자식으로 갖고 있다. CleverComponent
안에서는 this.props.children을 사용해 p 엘리먼트에(또는 어떤 자식이라도) 접근할 수
있다.

이해를 돕기 위해 간단한 예제 하나를 만져보자. 이번에는 버튼 안에 자식을 감싸고 있
는, 다음과 같은 모습의 Buttonify라는 컴포넌트다.

```
class Buttonify extends React.Component {
  render() {
    return(
      <div>
        <button type={this.props.behavior}>{this.props.children}</button>
      </div>
    );
  }
}
```

이 컴포넌트는 다음과 같이 ReactDOM.render 메소드를 통해 사용할 수 있다.

```
ReactDOM.render(
  <div>
    <Buttonify behavior="submit">SEND DATA</Buttonify>
  </div>,
  document.querySelector("#container")
);
```

Buttonify 컴포넌트의 render 메소드에 있는 JSX를 보면 버튼 엘리먼트에 'SEND DATA'
라는 말이 표시될 것임을 알 수 있다. 스타일이 제대로 적용됐다면 그림 3.5와 같이 우스
꽝스럽게 큰 버튼을 보게 될 것이다.

이 버튼은 왜 이리 큰가?

그림 3.5 대형 데이터 전송 버튼

다시 JSX로 돌아가서 behavior라고 하는 커스텀 속성을 지정한 부분에 주목하자. 이 속성은 button 엘리먼트의 type 속성을 지정해, 컴포넌트의 render 메소드에서 this.props.behavior를 통해 접근할 수 있게 한다.

컴포넌트의 자식에 접근할 수 있다는 점 외에도 알아둘 게 더 있다. 예컨대 만약 자식 엘리먼트가 어떤 텍스트라면 this.props.children 속성은 문자열을 리턴한다. 만약 자식 엘리먼트가 앞의 예처럼 단일한 엘리먼트라면 this.props.children 속성은 배열로 감싸지 않은 단일 컴포넌트를 리턴한다. 그 외에도 소개할 만한 몇 가지가 더 있으나 여기서 모든 경우를 나열하며 지루하게 만들지는 않겠다. 대신 나중에 좀 더 공들인 예제들을 살펴보면서 알아보기로 하자.

정리

리액트를 사용해 앱을 만들고자 한다면 컴포넌트를 사용하지 않고서는 멀리 나아갈 수 없다. 컴포넌트 없이 리액트 앱을 만드는 것은 마치 함수를 쓰지 않고 자바스크립트 기반의 앱을 만드는 것과 비슷하다. 즉, 불가능한 일은 아니다. 다만 그렇게 하는 것은 유명한 TV 애니메이션인 〈애니매니악스^Animaniacs〉의 '좋은 아이디어와 나쁜 아이디어(https://www.youtube.com/watch?v=2dJOlf4mdus)' 편에서 얘기하는 나쁜 아이디어에 속하는 종류라는 말이다.

만약 이 재치 있는 비디오를 보고도 왜 컴포넌트를 받아들여야 하는지 납득이 안 됐다면... 4장부터는 더욱 복잡한 컴포넌트를 만드는 수밖에 없겠다!

노트: 무엇이든 물어보세요!

어떤 궁금증이 있거나 코드가 예상대로 잘 작동하지 않는다면 망설이지 말고 질문하기 바란다.

https://forum.kirupa.com에 질문을 올리면 인터넷상의 친절하고 똑똑한 사람들로부터 도움을 받을 수 있다!

리액트 스타일링

인류는 대대로 CSS를 사용해 HTML 콘텐츠를 스타일링했고, 이는 보기에 좋았다. CSS는 콘텐츠와 프레젠테이션 사이를 잘 분리해주기 때문이다. 또한 셀렉터^{selector} 문법은 스타일을 적용하거나 건너뛸 엘리먼트를 유연하게 선택할 수 있게 해준다. 게다가 우리는 CSS의 전부라고도 할 수 있는 캐스케이딩 일체^{whole cascading thing}를 증오할 이유도 거의 찾을 수 없다.

그러나 리액트 앞에서는 말을 조심하자. 리액트가 CSS를 적극적으로 싫어하는 건 아니지만, 콘텐츠의 스타일 적용(스타일링)과 관련해서는 다른 견해를 갖고 있다. 지금까지 봤듯 리액트의 핵심 아이디어 중 하나는 앱의 비주얼 부품은 독립적이며 재사용 가능해야 한다는 점이다. 그게 HTML 엘리먼트와 자바스크립트를 컴포넌트라는 한 통에 담았던 이유다. 이는 2장에서 살짝 알아봤던 내용이다.

HTML 엘리먼트에 스타일을 어떻게 적용할까? 스타일이 어디에 위치할까? 아마도 내가 어떤 말을 할지 짐작했을 수도 있다. 어떤 UI 컴포넌트를 위한 스타일이 다른 어딘가에 있다면, 독립적인 UI 컴포넌트가 될 수 없다. 이게 리액트가 HTML과 자바스크립트의 바로 옆에서 엘리먼트 스타일을 지정할 것을 권하는 이유다. 이제 콘텐츠에 스타일을 지정하는 이 미스터리하면서 발칙한 방식을 알아보자. 물론 CSS를 사용하는 방식도 볼 것이다. 언제나 두 방식 모두를 사용할 수 있다. 리액트가 그런 생각을 하지 않더라도 말이다.

알파벳 모음 보여주기

리액트 콘텐츠에 스타일을 적용하는 방법을 알아보기 위해 페이지에 알파벳 모음을 보여주는 예제로 작업해보자. 우선 리액트 콘텐츠를 담을 빈 HTML 페이지가 필요하므로, 다음과 같은 내용의 새 HTML 문서를 만든다.

```
<!DOCTYPE html>
<html>

<head>
  <meta charset="utf-8">
  <title>React Components</title>
  <script src="https://unpkg.com/react@16/umd/react.development.js"></script>
  <script src="https://unpkg.com/react-dom@16/umd/react-dom.development.js">
</script>
  <script src="https://unpkg.com/babel-standalone@6.15.0/babel.min.js"></script>

  <style>
    #container {
      padding: 50px;
      background-color: #FFF;
    }
  </style>
</head>

<body>
  <div id="container"></div>

</body>

</html>
```

모음을 보여주기 위해 리액트에 특정적인 코드를 약간 추가해야 한다. 컨테이너인 div 엘리먼트 바로 아래에 다음과 같은 코드를 추가하자.

```
<script type="text/babel">
  var destination = document.querySelector("#container");

  class Letter extends React.Component {
    render() {
      return(
        <div>
          {this.props.children}
        </div>
      );
    }
  }

  ReactDOM.render(
    <div>
      <Letter>A</Letter>
      <Letter>E</Letter>
      <Letter>I</Letter>
      <Letter>O</Letter>
      <Letter>U</Letter>
    </div>,
    destination
  );
</script>
```

이 코드는 우리가 이미 컴포넌트에 대해 배운 내용만으로 충분히 이해할 수 있다. div 엘리먼트 안에서 각 모음 글자를 감싸는, Letter라는 컴포넌트를 만들었을 뿐이기 때문이다.

이 페이지를 브라우저에서 확인하면 그림 4.1과 같은 따분한 화면을 볼 수 있다.

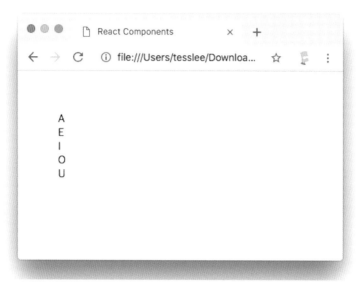

그림 4.1 따분한 화면

잠시 후면 좀 덜 따분하게 만들 예정이니 걱정하지 말자. 이 글자들을 좀 만져주고 나서
보게 될 화면은 그림 4.2와 같다.

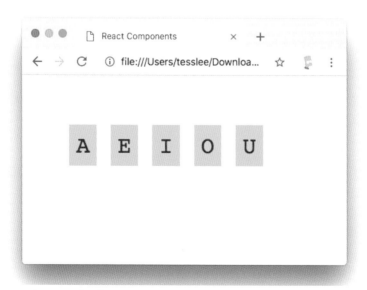

그림 4.2 스타일을 적용한 후에 보게 될 모습!

각 모음 글자는 노란색 배경으로 싸여 가로로 배열되며, 고정폭 글꼴이 적용될 것이다. 이제 CSS와 리액트의 최신식 방법을 사용해 이를 어떻게 처리할지 알아보자.

리액트 콘텐츠 스타일링

CSS를 사용하는 리액트 콘텐츠의 스타일링은 실제로는 우리가 상상할 수 있는 수준으로 직관적이다. 리액트는 결국 일반 HTML 태그를 뱉어내므로, 우리가 HTML을 스타일링하기 위해 수년 동안 배웠던 모든 CSS 기법들을 적용할 수 있다. 일단 유념해야 할 몇 가지 사항부터 알아보자.

생성된 HTML의 이해

CSS를 사용하기 전에 리액트가 내뱉는 HTML의 모습에 대해 감을 잡아보자. 이는 render 메소드 안의 JSX를 들여다보면 쉽게 추측할 수 있다. ReactDOM을 기반으로 하는 render 메소드의 내용은 다음과 같다.

```
<div>
  <Letter>A</Letter>
  <Letter>E</Letter>
  <Letter>I</Letter>
  <Letter>O</Letter>
  <Letter>U</Letter>
</div>
```

div 안에 여러 Letter 컴포넌트가 있지만, 별로 흥미로울 건 없다. Letter 컴포넌트 안의 render 메소드 역시 마찬가지다.

```
<div>
  {this.props.children}
</div>
```

보다시피 모음 글자는 각자의 div 태그로 싸인다. 이 페이지를 브라우저에서 열고 개발자 도구 등으로 DOM 구조를 보면 그림 4.3과 같을 것이다.

```
...  ▼<div id="container"> == $0
        ▼<div>
            <div>A</div>
            <div>E</div>
            <div>I</div>
            <div>O</div>
            <div>U</div>
        </div>
      </div>
```

그림 4.3 브라우저 내부의 DOM 구조

여기서 볼 수 있는 건 앞서 render 메소드에서 봤던 한 무더기의 div뿐만 아니라, 여러 JSX 코드 조각이 HTML로 바뀐 모습이다.

바로 스타일링!

스타일링 대상의 HTML 구조를 파악했다면 어려운 부분은 끝났다. 이제 셀렉터를 정의하고 원하는 속성을 지정하는 익숙하고 즐거운 일만 남은 것이다. 내부 div 엘리먼트에 적용하기 위해 style 태그 안에 다음과 같은 스타일을 추가하자.

```
div div div {
  padding: 10px;
  margin: 10px;
  background-color: #FFDE00;
  color: #333;
  display: inline-block;
  font-family: monospace;
  font-size: 32px;
  text-align: center;
}
```

div div div 셀렉터는 스타일링을 할 정확한 대상을 지정한다. 그 결과, 앞서 본 그림과 동일하게 스타일이 적용된 모음 글자가 될 것이다. 아무리 그래도 div div div는 너무 뻔한 듯해서 좀 이상하게 보이지 않는가? 매우 흔한 일이지만 div 엘리먼트가 세 개 이상 중첩되는 경우 엉뚱한 대상이 스타일링될 수 있다. 따라서 지금이 리액트가 생성하는 HTML을 좀 더 쉽게 스타일링할 수 있게 변경하기에 좋은 기회다.

이를 위해 우리는 안쪽 div 엘리먼트에 letter라는 값의 class 속성을 가지게 할 텐데, 여기서 JSX와 HTML의 차이점이 드러난다. 일단 다음과 같이 코드를 변경하자.

```
class Letter extends React.Component {
  render() {
    return (
      <div className="letter">
        {this.props.children}
      </div>
    );
  }
}
```

클래스 속성을 표기할 때 class가 아닌 className을 썼다는 점을 기억하자. 그 이유는 class라는 단어가 자바스크립트의 특별한 키워드이기 때문이다. 지금 이해가 안 되더라도 걱정할 필요 없다. 나중에 설명할 예정이다.

아무튼 div에 letter라는 값의 className 속성을 줬다면, 남은 일은 하나다. 다음과 같이 div 엘리먼트를 지목하는 CSS 셀렉터를 좀 더 깔끔하게 바꾸는 것이다.

```
.letter {
  padding: 10px;
  margin: 10px;
  background-color: #FFDE00;
  color: #333;
  display: inline-block;
  font-family: monospace;
  font-size: 32px;
  text-align: center;
}
```

보다시피 CSS는 리액트 기반의 앱 콘텐츠에 스타일링을 하는 완벽한 방법이다. 이제 다음 절에서 리액트에 어울리는 스타일링 방식을 알아보자.

리액트 방식의 스타일링

리액트는 CSS를 사용하지 않는 인라인 방식의 스타일링을 선호한다. 처음에는 이상하게 여겨질 수 있으나, 그렇게 하는 것이 비주얼 컴포넌트의 재사용성을 더욱 높이는 일이다. 컴포넌트를 UI의 모양과 동작에 관련된 모든 사항이 안전하게 담긴 작은 블랙박스로 만드는 게 목적이기 때문이다. 직접 확인해보자.

먼저 앞의 예제에서 .letter 스타일 규칙을 삭제하자. 그런 다음에 브라우저에서 확인하면 스타일링이 되지 않은 상태의 모음 글자로 되돌려져 있을 것이다. 완벽하게 하기 위해 Letter 컴포넌트의 render 메소드에 있는 className 속성 역시 삭제하자. 사용하지 않을 속성을 마크업에 갖고 있을 이유가 없기 때문이다.

이제 Letter 컴포넌트는 원래의 모습으로 돌아갔다.

```
class Letter extends React.Component {
  render() {
    return (
      <div>
        {this.props.children}
      </div>
    );
  }
}
```

컴포넌트 안에 스타일을 지정하는 방법은 CSS 속성과 값을 콘텐츠로 갖는 객체를 정의하는 것이다. 그다음엔 스타일링하고 싶은 JSX 엘리먼트에 style 속성을 사용해 그 객체를 할당하면 된다. 일단 이 두 단계를 직접 해보면 이해하기 쉬울 것이다. 그럼 이 방법을 통해 Letter 컴포넌트의 출력 결과에 스타일을 입히는 작업을 해보자.

스타일 객체 만들기

다음과 같이 원하는 스타일을 담은 객체를 정의하는 것으로 시작하자.

```
class Letter extends React.Component {
  render() {
    var letterStyle = {
      padding: 10,
      margin: 10,
```

```
      backgroundColor: "#FFDE00",
      color: "#333",
      display: "inline-block",
      fontFamily: "monospace",
      fontSize: 32,
      textAlign: "center"
    };

    return (
      <div>
        {this.props.children}
      </div>
    );
  }
}
```

letterStyle이라고 하는 이 객체에는 단순히 CSS 속성 이름과 동일한 자바스크립트 속성들이 들어 있다. 이전에 CSS 속성을 자바스크립트로 정의해본 경험이 없더라도 괜찮다. CSS 속성을 자바스크립트 방식으로 변환하는 공식은 아주 쉽기 때문이다.

1. 한 단어로 된 CSS 속성(padding, margin, color 등)은 그대로 사용한다.

2. 대시(-)로 연결된 여러 단어로 이뤄진 CSS 속성(background-color, font-family, border-radius 등)은 카멜 표기법camel case, 즉 대시를 없애고 대시 다음에 있던 첫 글자만 대문자로 바꾸는 방법을 사용한다. 예를 들어 background-color는 backgroundColor로, font-family는 fontFamily로, border-radius는 borderRadius로 된다.

이 letterStyle 객체와 그 속성은 앞서 봤던 .letter 스타일 규칙을 자바스크립트 방식으로 바꾼 것과 매우 흡사하다. 이제 이 객체를 스타일링하고자 하는 엘리먼트에 할당하는 일만 남았다.

콘텐츠 스타일링

스타일을 보유한 객체가 있으므로 이제 나머지는 쉽다. 스타일을 적용하고 싶은 엘리먼트를 찾아 style 속성에 이 객체를 지정하기만 하면 되니 말이다. 이 예제에서는 Letter 컴포넌트의 render 함수가 리턴하는 div 엘리먼트가 스타일링의 대상이다.

엘리먼트에 스타일 객체를 지정하는 방법은 다음과 같다.

```
class Letter extends React.Component {
  render() {
    var letterStyle = {
      padding: 10,
      margin: 10,
      backgroundColor: "#FFDE00",
      color: "#333",
      display: "inline-block",
      fontFamily: "monospace",
      fontSize: 32,
      textAlign: "center"
    };

    return (
      <div style={letterStyle}>
        {this.props.children}
      </div>
    );
  }
}
```

보다시피 letterStyle 객체를 중괄호 안에 넣음으로써 리액트가 이를 표현식으로 인식할 수 있게 했다. 이게 끝이다. 이제 브라우저에서 예제를 실행해 모음 글자들에 스타일이 제대로 적용됐음을 확인하자.

브라우저의 개발자 도구로 모음에 적용된 스타일을 자세히 들여다보면, 각 스타일이 실제로는 인라인으로 적용돼 있음을 알 수 있다(그림 4.4).

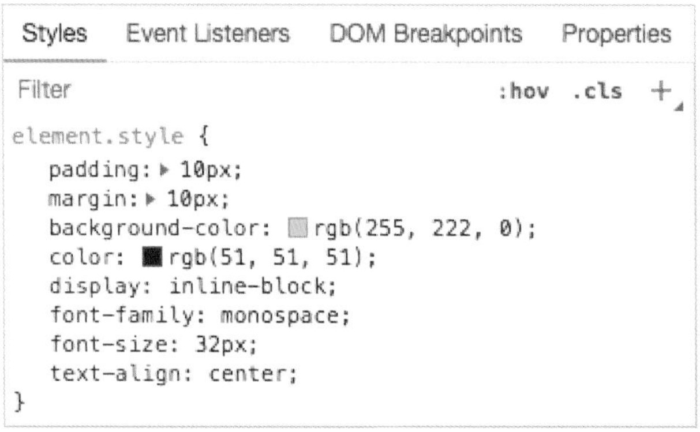

그림 4.4 인라인으로 적용된 스타일

놀랄 것까지는 없지만, 이렇게 스타일 규칙 안에 스타일을 넣는 방식을 받아들이기 힘들수도 있다. 그러나 흔히 말하듯, 세상은 변하기 마련이다.

배경색 커스터마이징

마무리하기 전에 마지막으로 할 일은 리액트의 스타일 처리 원리를 활용해보는 것이다. JSX 안에 스타일을 정의하면 부모(컴포넌트의 소비자)를 통해 여러 스타일 값을 쉽게 커스터마이징할 수 있기 때문이다. 예제를 통해 확인해보자.

현재 모음 글자들의 배경은 모두 노란색이다. 각 모음 글자마다 서로 다른 배경색을 갖게 하면 더 보기 좋을 것 같다. 그렇게 하려면 다음과 같이 ReactDOM.render 메소드에서 bgcolor 속성을 추가하고 각각의 색을 지정하면 된다.

```
ReactDOM.render(
  <div>
    <Letter bgcolor="#58B3FF">A</Letter>
    <Letter bgcolor="#FF605F">E</Letter>
    <Letter bgcolor="#FFD52E">I</Letter>
    <Letter bgcolor="#49DD8E">O</Letter>
    <Letter bgcolor="#AE99FF">U</Letter>
  </div>,
  destination
);
```

그다음엔 이 속성을 사용하기 위해 letterStyle 객체의 backgroundColor에 this.props. bgcolor를 설정한다.

```
var letterStyle = {
    padding: 10,
    margin: 10,
    backgroundColor: this.props.bgcolor,
    color: "#333",
    display: "inline-block",
    fontFamily: "monospace",
    fontSize: 32,
    textAlign: "center"
};
```

이렇게 하면 Letter 선언의 일부인 bgcolor 속성을 통해 지정한 값이 backgroundColor 에 설정될 것이다. 이제 브라우저로 확인하면 모음들에 각자의 배경색이 적용됐음을 알 수 있다(그림 4.5).

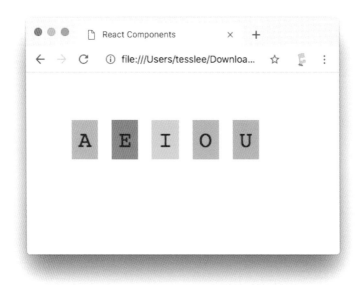

그림 4.5 각자의 배경색을 가진 모음 글자

지금까지 했던 일은 평범한 CSS만으로는 하기 힘들었을 작업이었다. 앞으로 상태나 사용자의 행위에 따라 변경되는 콘텐츠를 가지는 컴포넌트를 알아보면서, 많은 장점을 가진 리액트 방식의 스타일링을 이용하는 더 많은 예제를 보게 될 것이다.

정리

앞으로 리액트에 대한 좀 더 많은 사항을 배우면서, 지금까지 웹 환경에서의 올바른 작업 방식으로 알고 있던 내용과는 사뭇 다르게 리액트가 작동하는 경우를 많이 보게 될 것이다. 4장에서는 CSS 스타일 규칙을 사용하는 방법과는 다른, 리액트가 자바스크립트에 인라인 방식으로 스타일링하는 모습을 봤다. 또한 HTML과 오십보백보인 XML 문법을 사용해 자바스크립트에서 UI를 통째로 선언하는 방법을 JSX를 통해 배웠다.

그런 모든 상황의 표면 아래를 깊이 쳐다보면, 리액트가 전통적인 통념으로부터 벗어나 있는 이유가 왜 큰 의미를 가지는지 알 수 있다. 복잡한 UI 요구 사항을 구현해야 하는 앱의 경우에는 그와 관련된 난제들을 풀기 위한 새로운 방식이 필요하다. HTML, CSS, 자바스크립트 기술은 웹 페이지나 문서를 다루는 데는 충분하지만, 컴포넌트가 다른 컴포넌트 안에서 재사용되는 등의 복잡성이 있는 웹앱 세상에는 적당하지 않을 수 있으니 말이다.

그런 점에서, 여러분의 상황에 가장 부합하는 기술을 선택해야 한다. 비록 필자는 UI 개발 문제의 해법과 관련해 리액트의 방식에 편향돼 있지만, 리액트 이외의 대안이나 전통적인 방식에 대해서도 강조하는 노력을 할 것이다. 4장의 내용과 결부시켜보면, 리액트 콘텐츠에 CSS 스타일 규칙을 사용하는 방법은 완전히 유효하다. 그렇게 해서 얻는 것과 잃는 것 모두를 알고 의사결정을 했다는 전제하에 그렇다.

노트: 무엇이든 물어보세요!

어떤 궁금증이 있거나 코드가 예상대로 잘 작동하지 않는다면 망설이지 말고 질문하기 바란다.

https://forum.kirupa.com에 질문을 올리면 인터넷상의 친절하고 똑똑한 사람들로부터 도움을 받을 수 있다!

5

복잡한 컴포넌트 제작

3장, '리액트 컴포넌트'에서 컴포넌트와 그 컴포넌트가 하는 놀라운 일들을 배웠다. 컴포넌트는 리액트가 비주얼 엘리먼트를 HTML, 자바스크립트, 스타일을 모두 포함하는 재사용 가능한 블록으로 만드는 주된 방법이다. 그러나 그런 재사용성 말고도, 컴포넌트가 제공하는 또 다른 주요한 강점이 있다. 바로 결합성^{composability}이다. 즉, 여러 컴포넌트를 조합해 더 복잡한 컴포넌트를 만들 수 있다는 의미다.

5장에서는 그런 결합성이 의미하는 모든 사항을 살펴본다. 특히 다음 두 가지 내용을 다룬다.

- (지루하지만) 알아야 할 기술적 내용

- (지루하지만) 수많은 비주얼 엘리먼트로부터 컴포넌트를 식별하기 위해 알아야 할 내용

실제로 앞으로 배울 내용이 지루한 것은 아니다. 단지 여러분의 기대치를 낮춰 놓고 싶었다.

비주얼 엘리먼트에서 컴포넌트로

지금까지는 아주 기초적인 예제들만 봤었다. 기술적인 개념에 초점을 맞춘 예제들이긴 하나, 현실 세계와는 거리가 멀었다.

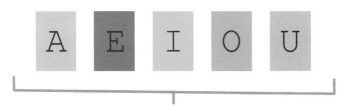

이게 현실적인 예제인가?! 진심으로?

현실에서는 어떤 이름들을 나열하거나 형형색색의 모음 글자를 보여주는 정도의 단순한 리액트 앱을 구현할 일이 결코 없다. 그 대신 복잡한 사용자 인터페이스를 나타내는, 예를 들어 낙서판, 다이어그램, 스크린샷, 비디오, 레드라인(상세 설명), 컴프(디자인 시안) 등과 같은 다양한 비주얼 요소들을 개발해야 할 것이다. 그런 정적인 픽셀에 생명을 불어넣는 건 우리 손에 달렸다. 이제 실습으로 직접 해보자.

우리가 만들고자 하는 건 간단한 컬러 팔레트 카드다(그림 5.1).

그림 5.1 간단한 컬러 팔레트 카드

컬러 팔레트 카드란 특정 페인트의 컬러를 확인할 수 있는 작은 사각형 카드로, 인테리어 용품점 등 페인트를 파는 어디에서든 봤을 것이다. 또한 디자이너라면 아마도 어마어마한 양의 카드들을 정리해 놓은 전용 보관함도 이미 갖고 있을 수 있다. 어쨌든 우리의 임무는 리액트를 사용해 그 카드를 다시 만드는 일이다.

그렇게 하기 위한 여러 방법이 있겠지만, 여기서는 아무리 복잡한 사용자 인터페이스라
도 단순하고 이해하기 쉽게 만들 수 있는 체계적인 접근 방법을 따를 것이다. 여기에는
다음 두 단계가 필요하다.

1. 주요 비주얼 요소의 식별
2. 컴포넌트로 만들 대상의 선별

두 단계 모두 어려울 것처럼 보이지만, 따라가다 보면 그리 걱정할 정도가 아니라는 사실
을 알게 될 것이다.

주요 비주얼 요소 식별

첫 번째 단계는 우리가 다룰 모든 비주얼 요소를 식별하는 일이다. 적어도 처음에는 어떤
비주얼 요소도 누락될 수 있을 만큼 사소한 것은 없다. 관련된 조각들을 식별하는 가장
쉬운 방법은 명확한 비주얼 요소부터 시작해 덜 명확한 요소로 진행하는 것이다.

이 예제에서 가장 먼저 볼 수 있는 요소는 카드 그 자체다(그림 5.2).

그림 5.2 카드 자체

카드 안에는 구분되는 두 영역이 있다. 상단은 특정 컬러를 보여주는 정사각형 영역이다.
하단은 헥스[hex](16진수) 값을 보여주는 흰 영역이다.

이 두 비주얼 요소를 그림 5.3과 같이 트리식 구조로 배치해보자.

그림 5.3 트리식 구조

이와 같은 트리식 구조(또는 시각적 계층 구조visual hierarchy)는 비주얼 요소들이 어떻게 그룹화돼 있는지 쉽게 알 수 있는 좋은 방법이다. 이런 연습을 하는 목적은 중요한 비주얼 요소들을 식별하고 더 이상 나눌 수 없을 때까지 부모와 자식 관계로 배치하기 위해서다.

> **노트: 상세 구현 내용은 무시하라**
>
> 좀이 쑤시겠지만 아직은 상세 구현 내용에 대해 생각하지 말기 바란다. 비주얼 요소를 나눌 때는 HTML과 CSS 조합을 기준으로 하지 말아야 한다. 나중에 구현 내용을 파악할 충분한 시간이 있을 것이다.

계속 진행하자. 우리는 상단의 정사각형이 더 이상 나눠질 수 없다는 걸 안다. 그렇다고
끝은 아니다. 그림 5.4와 같이 트리 안에서 레이블과 흰색 영역을 서로 분리할 수 있기
때문이다.

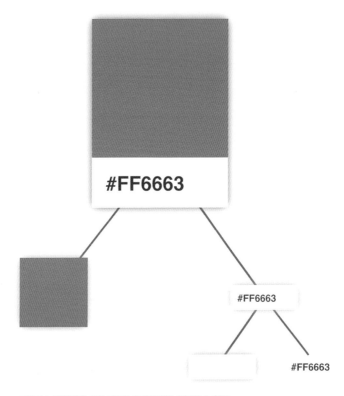

그림 5.4 레이블과 그걸 둘러싼 흰색 영역을 분리할 수 있다.

이 시점에서는 이제 더 이상 나눌 게 없게 됐다. 비주얼 요소를 식별하고 분리하는 작업
을 끝냈으므로, 이를 이용해 컴포넌트를 식별하는 단계로 이동하자.

컴포넌트 식별

이제 슬슬 재미있어지는 부분이다. 우리가 식별한 비주얼 요소 중에 어떤 것을 컴포넌트로 만들지 따져봐야 한다. 모든 비주얼 요소를 컴포넌트로 만들 필요는 없으며, 반대로 극도로 복잡한 몇 개의 컴포넌트만 만드는 것도 좋지 않다. 즉, 균형이 필요하다(그림 5.5).

그림 5.5 적거나 혹은 많거나

컴포넌트로 만들 비주얼 요소를 선별하는 기법이 있다. 바로 하나의 컴포넌트는 하나의 역할만 해야 한다는 일반 규칙이다. 만들려는 컴포넌트가 너무 많은 일을 하게 될 것 같으면 아마도 여러 컴포넌트로 쪼개고 싶을 것이다. 반대로, 컴포넌트가 너무 적은 일을 하게 될 것 같으면, 아예 비주얼 요소를 컴포넌트로 만들려 하지 않을 것이다.

그럼 이 예제에서는 어떤 비주얼 요소가 좋은 컴포넌트가 될 자격이 있는지 따져보자. 앞서 그렸던 시각적 계층 구조를 보면, 카드와 옅은 빨간색의 사각형은 각자 하나의 컴포넌트가 되기에 딱 맞아 보인다. 카드는 컨테이너 역할을, 사각형은 컬러를 보여주는 역할을 하면 될 것이기 때문이다.

그러나 레이블과 그걸 둘러싸는 흰색 영역에 대해서는 의문이 든다(그림 5.6).

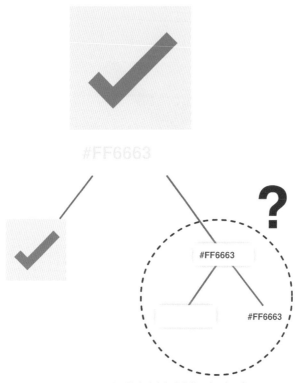

그림 5.6 레이블과 그걸 둘러싸는 흰색 영역에 대해서는 의문이 든다.

여기서 중요한 부분은 레이블 자체다. 레이블이 없다면 헥스 값을 볼 수 없으며, 흰색 영역만 덩그러니 남게 된다. 흰색 영역의 역할은 거의 무시해도 될 정도다. 단순히 빈 공간을 마련한 것뿐이며, 그거라면 레이블에게 맡겨도 되는 역할이다. 자, 이제 내가 무슨 말을 할지 마음 단단히 먹기 바란다. 애석하게도 우리의 흰색 사각형은 컴포넌트가 될 수 없다!

이 시점에서 세 개의 컴포넌트 후보가 선출됐으며, 컴포넌트 계층 구조^{component hierarchy}는 그림 5.7과 같이 됐다.

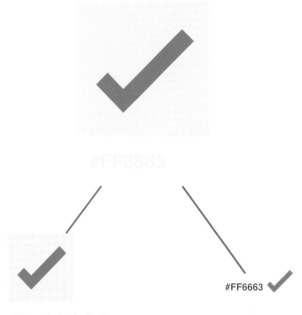

그림 5.7 세 컴포넌트 후보들

컴포넌트 계층 구조는 완성된 앱이 어떤 모습일지 보여주는데, 그보다 더 중요한 건 우리가 앱의 코드를 정의할 때 큰 도움이 된다는 점이다. 또한 우리가 시작할 때 그렸던 비주얼 계층 구조와는 약간의 차이가 있음을 알 수 있다. 상세한 비주얼을 구현할 때는 항상 원천 자료(컴프, 레드라인, 스크린샷 등)를 참조해야 하듯, 마찬가지로 컴포넌트를 만들고자 할 때는 항상 컴포넌트 계층 구조를 참조해야 한다.

자, 컴포넌트와 그 사이의 관계를 모두 식별했으니 이제 컬러 팔레트 카드에 생명을 불어넣기 시작할 시간이다.

컴포넌트 작성

여기는 좀 쉬운 부분이다. 이제 코딩을 시작할 것이므로 다음과 같이 거의 비어 있는
HTML 페이지 하나를 준비해야 한다.

```html
<!DOCTYPE html>
<html>

<head>
  <meta charset="utf-8">
  <title>More Components</title>
  <script src="https://unpkg.com/react@16/umd/react.development.js"></script>
  <script src="https://unpkg.com/react-dom@16/umd/react-dom.development.js">
</script>
  <script src="https://unpkg.com/babel-standalone@6.15.0/babel.min.js"></script>

  <style>
    #container {
      padding: 50px;
      background-color: #FFF;
    }
  </style>
</head>

<body>
  <div id="container"></div>

  <script type="text/babel">
    ReactDOM.render(
      <div>

      </div>,
      document.querySelector("#container")
    );
  </script>
</body>

</html>
```

이 페이지에서 어떤 일이 일어날지 잠깐 살펴보자. 특별한 내용이 있는 건 아니다. 단지 리액트가 컨테이너 엘리먼트 안에 빈 div를 렌더링하는 게 전부다.

그다음엔 계획대로 컴포넌트 세 개를 정의해야 할 차례다. 컴포넌트 이름은 각각 Card, Label, Square로 하자. 다음과 같이 ReactDOM.render 함수 위에 세 개의 컴포넌트 함수를 정의한다.

```
class Square extends React.Component {
  render() {
    return(
      <br/>
    );
  }
}
class Label extends React.Component {
  render() {
    return (
      <br/>
    );
  }
}

class Card extends React.Component {
  render() {
    return (
      <br/>
    );
  }
}
```

세 개의 컴포넌트를 선언했으며 각 컴포넌트 안에 각자에게 절대적으로 필요한 render 함수를 만들었다. 각 render 함수는 지금은 단순히 br 엘리먼트를 리턴한다. 그 점을 제외하면 컴포넌트들은 비어 있다. 지금부터 이 컴포넌트들을 채워 나가자.

카드 컴포넌트

컴포넌트 계층 구조에서 가장 상위에 있는 Card 컴포넌트를 먼저 손보기로 하자. 이 컴포
넌트는 Square와 Label 컴포넌트가 상주할 컨테이너 역할을 할 것이다.

이를 구현하기 위해 코드를 다음과 같이 수정하자.

```
class Card extends React.Component {
  render() {
    var cardStyle = {
      height: 200,
      width: 150,
      padding: 0,
      backgroundColor: "#FFF",
      boxShadow: "0px 0px 5px #666"
    };

    return (
      <div style={cardStyle}>

      </div>
    );
  }
}
```

많이 변경한 것처럼 보이지만, 대부분은 cardStyle 객체를 사용해 Card 컴포넌트의 출력
결과에 스타일을 적용하는 내용이다. 그 외에는 특별한 점이 없다. 리턴하는 div 엘리먼트
의 style 속성에 cardStyle 객체를 지정한 정도다. 이제 Card 컴포넌트가 살아 숨쉬려면
ReactDOM.render 함수에서 DOM 안에 Card 컴포넌트가 표시되게 해야 한다. 따라서 다
음과 같이 코드를 작성하자.

```
ReactDOM.render(
  <div>
    <Card/>
  </div>,
  document.querySelector("#container")
);
```

여기서는 ReactDOM.render 함수에서 Card 컴포넌트의 출력 결과를 렌더링하라고 한 게 전부다. 모든 작업이 잘됐다면, 앱을 테스트했을 때 그림 5.8과 같은 모습을 볼 수 있다.

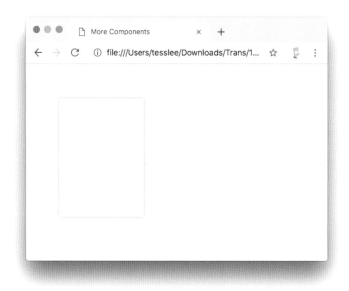

그림 5.8 테스트 결과, 컬러 팔레트 카드의 윤곽이 보인다.

비록 컬러 팔레트 카드의 윤곽이 보이는 게 전부지만, 제대로 작동하는 컴포넌트가 만들어진 것은 분명하다.

Square 컴포넌트

이제 컴포넌트 계층 구조에서 한 단계 내려가 Square 컴포넌트를 다룰 차례다. 이는 매우 직관적이므로, 곧바로 다음과 같이 작성하기 바란다.

```
class Square extends React.Component {
  render() {
    var squareStyle = {
      height: 150,
      backgroundColor: "#FF6663"
    };
```

```
    return (
      <div style={squareStyle}>

      </div>
    );
  }
}
```

여기서도 Card 컴포넌트와 마찬가지로 style 속성에 스타일 객체를 설정한 div 엘리먼
트를 리턴한다. Square 컴포넌트도 화면에서 볼 수 있으려면 DOM 안에 넣어야 하는 건
Card 컴포넌트의 경우와 마찬가지다. 한 가지 차이가 있다면 이번에는 ReactDOM.render
함수를 통하지 않는다는 점이다. 그 대신 Card 컴포넌트 안에서 Square 컴포넌트를 호
출할 것이다. 이게 무슨 의미인지 알기 위해 Card 컴포넌트의 render 함수로 돌아가 다
음과 같이 코드를 수정하자.

```
class Card extends React.Component {
  render() {
    var cardStyle = {
      height: 200,
      width: 150,
      padding: 0,
      backgroundColor: "#FFF",
      boxShadow: "0px 0px 5px #666"
    };

    return (
      <div style={cardStyle}>
        <Square />
      </div>
    );
  }
}
```

이 시점에서 앱을 브라우저로 확인하면 컬러가 들어간 정사각형이 나타날 것이다(그림
5.9).

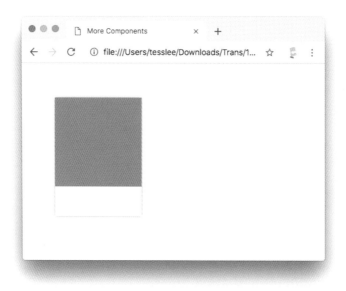

그림 5.9 옅은 빨간색 등장

여기서 멋진 점은 Card 컴포넌트 안에서 Square 컴포넌트를 호출했다는 사실이다. 이는 컴포넌트 결합성component composability을 보여주는 하나의 예다. 최종적으로 두 컴포넌트가 결탁한 결과를 볼 수 있는 것이다. 적어도 지금 상황에서는 아름다운 결탁이라 할 수 있다.

Label 컴포넌트

마지막 남은 컴포넌트는 Label이다. 곧바로 다음과 같이 코드를 작성하자.

```
class Label extends React.Component {
  render() {
    var labelStyle = {
      fontFamily: "sans-serif",
      fontWeight: "bold",
      padding: 13,
      margin: 0
    };
```

```
    return (
      <p style={labelStyle}>#FF6663</p>
    );
  }
}
```

지금까지 작업해온 패턴은 이제 규칙이 돼야 한다. 즉, 스타일 객체를 지정하고 리턴하는 방식 말이다. 여기서는 #FF6663이라는 문자열을 갖는 p 엘리먼트를 리턴한다. 마찬가지로 DOM에서 보이게 Card 컴포넌트 안에서 Label 컴포넌트를 호출해야 하므로, 다음과 같이 코드를 작성하기 바란다.

```
class Card extends React.Component {
  render() {
    var cardStyle = {
      height: 200,
      width: 150,
      padding: 0,
      backgroundColor: "#FFF",
      boxShadow: "0px 0px 5px #666"
    };

    return (
      <div style={cardStyle}>
        <Square />
        <Label />
      </div>
    );
  }
}
```

기존에 추가했던 Square 컴포넌트 아래에 Label 컴포넌트를 배치했다. 이제 브라우저에서 확인하면 그림 5.10과 같이 보일 것이다.

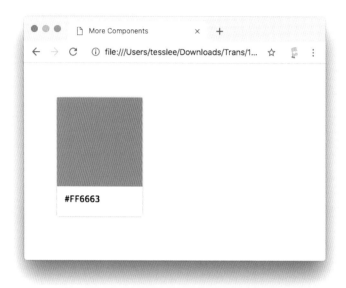

그림 5.10 레이블 등장

이제 됐다! Card, Square, Label 컴포넌트 덕분에 우리의 컬러 팔레트 카드가 완성되어 나타나게 됐다. 하지만 이걸로 끝난 게 아니다. 알아봐야 할 몇 가지 사항이 더 있다.

속성 전달

우리는 Square와 Label 컴포넌트가 사용하는 컬러 값을 하드코딩했다. 이는 분명 이상한 방식이다. 극적인 효과를 위해 일부러 그런 게 아니라, 직관적이기 때문에 그렇게 한 것이다. 이제 this.props를 사용해 속성을 지정하고 접근하는 방법이 떠오를 것이다. 앞서 이미 해봤지만, 앞으로도 얼마나 많이 해야 할지 모른다.

부모 컴포넌트에 속성을 지정하고 모든 자손이 자동으로 그 속성을 얻을 수 있게 하는 적절한 방법은 존재하지 않는다. 반면에 전역 객체를 정의한다든가, 컴포넌트 속성에 직접 값을 지정한다든가 하는 등의 부적절한 방법은 많이 있다. 지금은 부적절한 방법에 대해서는 생각하지 말자.

자식 컴포넌트에 속성 값을 전달하는 올바른 방법이란, 부모 컴포넌트 각각이 속성 값을
일일이 전달해주는 걸 말한다. 이를 확인하기 위해 다음과 같이 기존에 하드코딩돼 있던
부분을 컬러 속성으로 변경한 코드를 살펴보자.

```
class Square extends React.Component {
  render() {
    var squareStyle = {
      height: 150,
      backgroundColor: this.props.color
    };

    return (
      <div style={squareStyle}>

      </div>
    );
  }
}


class Label extends React.Component {
  render() {
    var labelStyle = {
      fontFamily: "sans-serif",
      fontWeight: "bold",
      padding: 13,
      margin: 0
    };

    return (
      <p style={labelStyle}>{this.props.color} </p>
    );
  }
}

class Card extends React.Component {
  render() {
    var cardStyle = {
      height: 200,
      width: 150,
```

```
      padding: 0,
      backgroundColor: "#FFF",
      boxShadow: "0px 0px 5px #666"
    };

    return (
      <div style={cardStyle}>
        <Square color={this.props.color} />
        <Label color={this.props.color} />
      </div>
    );
  }
}

ReactDOM.render(
  <div>
    <Card color="#FF6663" />
  </div>,
  document.querySelector("#container")
);
```

이와 같은 방식으로 변경하면 Card 컴포넌트를 호출할 때 원하는 컬러 헥스 값을 지정할 수 있다.

```
ReactDOM.render(
  <div>
    <Card color="#FFA737"/>
  </div>,
  document.querySelector("#container")
);
```

이제 컬러 팔레트 카드는 지정된 컬러로 바뀌어 보일 것이다(그림 5.11).

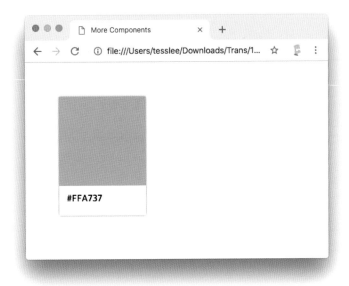

그림 5.11 헥스 값 #FFA737에 해당하는 컬러

이제 변경했던 내용으로 다시 돌아가보자. 비록 color 속성이 오직 Square와 Label 컴포넌트에서만 사용됨에도 불구하고 부모인 Card 컴포넌트는 그 속성을 전달해야 할 책임이 있다. 컴포넌트가 여러 계층으로 이뤄진 경우에도 각 부모에 해당하는 컴포넌트들은 모두 차례로 속성을 전달해야 한다. 사태는 더 심각해진다. 만약 각자 여러 단계에 있는 컴포넌트들에게 다양한 종류의 속성들을 전달해야 한다면, 타이핑하거나 복사해서 붙여 넣어야 할 코드는 더욱 늘어날 것이다. 이와 같은 사태를 완화시킬 방법이 있는데, 이에 대한 자세한 내용은 나중에 알아볼 것이다.

컴포넌트 결합성의 비밀

리액트에 머리를 파묻고 있다 보면, 우리가 만든 결과물은 결국 평범하고 지루한 HTML, CSS, 자바스크립트 코드에 불과하다는 사실을 종종 잊어버릴 때가 있다. 예를 들어 궁극적으로 생성된 컬러 팔레트 카드의 HTML 코드는 다음과 같다.

```
<div id="container">
  <div>
    <div style="height: 200px;
                 width: 150px;
                 padding: 0px;
                 background-color: rgb(255, 255, 255);
                 box-shadow: rgb(102, 102, 102) 0px 0px 5px;">
      <div style="height: 150px;
                   background-color: rgb(255, 102, 99);">
      </div>
      <p style="font-family: sans-serif;
                font-weight: bold;
                padding: 13px; margin: 0px;">
        #FF6663</p>
    </div>
  </div>
</div>
```

이 마크업이 어떻게 이렇게 된 건지, 어떤 컴포넌트가 어떤 역할을 하는지 도대체 알 수가 없다. 또한 컴포넌트 결합성이나 속성을 전달한 방법에 대해서도 나타나 있는 게 없다. 여기서 중요한 사실 하나를 이끌어낼 수 있다.

일반화시켜 말하자면, 작은 HTML 덩어리를 리턴하는 게 컴포넌트가 하는 일의 전부다. 각 컴포넌트의 render 함수는 또 다른 컴포넌트의 render 함수에게 리턴한다. 모든 HTML 덩어리들은 최종적으로 DOM에 밀어 넣어 거대한 덩어리가 될 때까지 쌓인다. 그게 컴포넌트의 재사용성과 결합성이 가능하게 된 이유다. 각각의 작은 HTML 덩어리들은 서로 독립적으로 작동한다. 특히 리액트가 권장하는 인라인 스타일 방식을 사용할 때 더욱 그렇다. 따라서 다른 비주얼 엘리먼트로부터 새로운 비주얼 엘리먼트를 쉽게 만들 수 있으며, 이때 다른 어떤 것도 걱정할 필요가 없다. 아무것도 말이다! 정말 어마어마하게 놀라운 일이 아닌가?

정리

지금쯤이면 이미 느꼈을 것이다. 우리가 리액트를 더 잘 활용하는 고급 시나리오로 천천히 이동하고 있다는 사실을 말이다. 사실 '고급'이라는 말은 맞지 않다. 정확히는 '현실적'이라고 해야 할 것이다. 5장에서는 UI를 구조적으로 바라보는 방법과 컴포넌트 구현을 위한 식별 방법을 배웠다. 현실에서 항상 처하게 될 상황이기 때문이다. 우리는 형식적인 절차를 거치는 방법을 사용했지만, 리액트 개발 경험을 쌓을수록 그런 형식적인 과정을 서서히 줄일 수 있다. 시각적 계층 구조나 컴포넌트 계층 구조를 그리지 않고도 컴포넌트와 부모 자식 관계를 빠르게 식별할 수 있게 된다면, 이는 리액트와의 작업이 능숙해졌다는 또 하나의 신호다.

컴포넌트 식별은 방정식의 일부에 불과하다. 나머지는 컴포넌트에 생명을 불어넣는 부분들이다. 5장에서 다룬 대부분의 기술적인 내용은 그 전에 이미 봤던 내용에서 조금 확장한 것에 불과하다. 즉, 이전에는 한 계층에서의 컴포넌트만 봤지만, 5장에서는 여러 계층의 컴포넌트를 다뤘다. 또한 이전에는 하나의 부모와 하나의 자식 사이의 속성 전달 방법을 봤지만, 5장에서는 여러 부모와 여러 자식 사이의 속성 전달 방법을 알아봤다. 이후에는 화면에 여러 컬러 팔레트 카드를 보여주는 것과 같은 획기적인 일을 할 수도 있다. 아니면 하나가 아닌 둘 이상의 속성을 지정하는 방법을 배울 수도 있다. 그건 아무도 모를 일이다.

> **노트: 무엇이든 물어보세요!**
>
> 어떤 궁금증이 있거나 코드가 예상대로 잘 작동하지 않는다면 망설이지 말고 질문하기 바란다.
>
> https://forum.kirupa.com에 질문을 올리면 인터넷상의 친절하고 똑똑한 사람들로부터 도움을 받을 수 있다!

6

속성 전달

속성을 다루는 작업은 때로는 절망적이다. 앞서 이미 그런 측면을 조금 확인했다. 한 계층에서 컴포넌트 사이의 속성 전달은 간단하고 문제가 없다. 그러나 여러 계층에 걸쳐 컴포넌트 사이에 속성을 전달해야 하는 상황이라면 일이 복잡해진다.

복잡해지는 건 결코 좋은 일이 아니므로 6장에서는 좀 더 쉬운 여러 계층 사이의 속성 전달 방법을 알아본다.

문제점 인식

겹겹이 연결된 컴포넌트들이 있고 그 계층 구조가 그림 6.1과 같다고 가정하자.

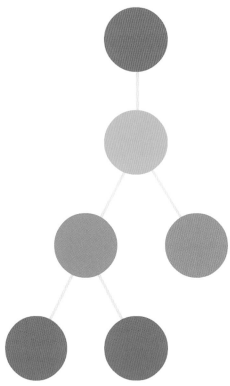

그림 6.1 컴포넌트 계층 구조

이제 빨간색 원에서 자주색 원으로 속성을 전달하려 한다. 하지만 그림 6.2와 같이 할 수 없음은 자명하다.

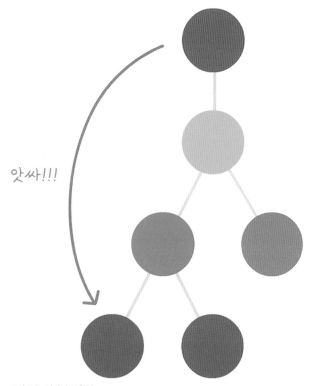

그림 6.2 이렇게 못한다.

원하는 컴포넌트로 어떤 속성을 직접 전달하는 일은 불가능하다. 이는 리액트의 작동 원리에 기인한다. 리액트는 반드시 부모 컴포넌트에서 직계 자식 컴포넌트로만 속성이 내려가게 하는 연쇄적인 명령 실행만 가능하다. 속성을 전달할 때 중간 계층을 건너뛸 수 없다는 의미다. 또한 자식으로부터 부모로 속성을 거꾸로 올려 보낼 수도 없다. 모든 소통은 부모로부터 직계 자식에게 일방적으로만 이뤄진다.

이와 같은 사실에 근거할 때 빨간색 원에서 자주색 원으로 속성이 전달되는 모습은 그림 6.3과 같을 것이다.

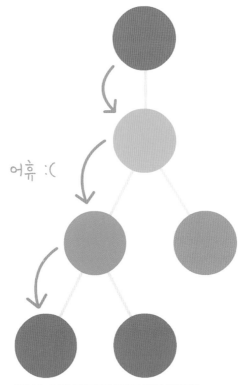

그림 6.3 속성은 부모로부터 직계 자식으로 전달된다.

의도한 경로에 존재하는 모든 컴포넌트는 부모로부터 속성을 받아 자식에게 다시 전달한다. 이 과정은 원하는 목적지로 속성이 도착할 때까지 반복된다. 문제는 속성을 받고 다시 전달하는 중간 과정에 있다.

color라는 속성을 빨간색 컴포넌트에서 자주색 컴포넌트로 보내야 한다면, 목적지를 향하는 모습은 그림 6.4와 같을 것이다.

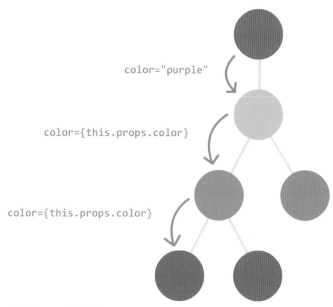

color="purple"

color={this.props.color}

color={this.props.color}

그림 6.4　color 속성의 전달

이제 보내야 할 속성이 두 개라고 가정하자(그림 6.5).

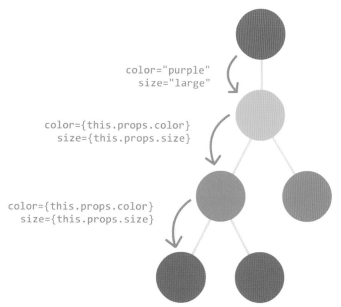

color="purple"
size="large"

color={this.props.color}
size={this.props.size}

color={this.props.color}
size={this.props.size}

그림 6.5　두 개의 속성 전달

속성이 세 개라면 어떨까? 아니면 네 개는?

이 접근 방법은 확장성도 없고 유지 보수도 어렵다는 점을 느꼈을 것이다. 전달해야 할 속성이 추가로 필요할 때마다 각 컴포넌트의 선언부에 코드를 추가해야 하기 때문이다. 또한 만약 어느 시점에 속성의 이름을 변경해야 한다면 이를 사용하는 모든 컴포넌트에서도 그 속성의 이름을 바꿔야 한다. 속성 하나를 없애야 하는 경우도 마찬가지다. 전체적으로 이런 상황은 우리가 코딩을 할 때 피해야 할 유형이다. 그럼 어떻게 해야 할까?

문제점 분석

앞서 우리는 높은 수준에서 문제를 바라봤다. 문제를 해결하러 가기 전에 지금부터는 다이어그램이 아니라 실제 코드를 보면서 문제를 더욱 자세히 파악하자.

```
class Display extends React.Component {
  render() {
    return (
      <div>
        <p>{this.props.color}</p>
        <p>{this.props.num}</p>
        <p>{this.props.size}</p>
      </div>
    );
  }
}

class Label extends React.Component {
  render() {
    return (
      <Display color={this.props.color}
               num={this.props.num}
               size={this.props.size}/>
    );
  }
}

class Shirt extends React.Component {
  render() {
    return (
```

```
      <div>
        <Label color={this.props.color}
               num={this.props.num}
               size={this.props.size}/>
      </div>
    );
  }
}

ReactDOM.render(
  <div>
    <Shirt color="steelblue" num="3.14" size="medium" />
  </div>,
  document.querySelector("#container")
);
```

잠시 코드를 보며 뭐가 어떻게 흘러가고 있는지 먼저 이해해보기 바란다. 그게 끝났다면
이제 함께 예제를 파악해보자.

여기에는 Display 컴포넌트, Display 컴포넌트의 출력 결과에 의존하는 Label 컴포넌트,
Label 컴포넌트의 출력 결과에 의존하는 Shirt 컴포넌트가 있다(5배속으로 읽어보라!). 컴
포넌트 계층 구조는 그림 6.6과 같다.

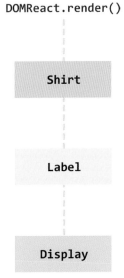

그림 6.6 컴포넌트 계층 구조

이 코드를 실행해보면 알겠지만 별로 특별한 건 없다. 단지 세 줄의 텍스트만 있을 뿐이다(그림 6.7).

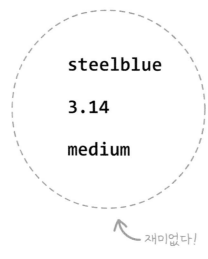

그림 6.7 실행 결과

저 텍스트들이 어떻게 저기 도착했는지가 재미있는 점이다. 각 테스트는 ReactDOM.render 첫 부분에 있는 각 속성에 지정돼 있다.

```
<Shirt color="steelblue" num="3.14" size="medium" />
```

color, num, size 속성은 경험 많은 세계 여행자도 부러워할 만큼 Display 컴포넌트로의 긴 여정을 거친다. 이들 속성을 처음 시작부터 이용될 때까지 따라가보자. 상당 부분은 이미 알 수도 있으므로, 만약 지루하다면 건너뛰어도 좋다.

이들 속성은 Shirt 컴포넌트가 호출될 때 ReactDOM.render 안에서 그 삶을 시작한다.

```
ReactDOM.render(
  <div>
    <Shirt color="steelblue" num="3.14" size="medium" />
  </div>,
  document.querySelector("#container")
);
```

여기서는 속성을 정의했을 뿐만 아니라 가지고 다닐 값도 지정해 초기화했다.

Shirt 컴포넌트에서 이들 속성은 props 객체 안에 저장된다. 이들 속성을 전달하려면 props 객체에 접근해 컴포넌트를 호출할 때 명시적으로 포함시켜야 한다. Shirt 컴포넌트가 Label 컴포넌트를 호출하는 다음 코드를 보자.

```
class Shirt extends React.Component {
  render() {
    return (
      <div>
        <Label color={this.props.color}
               num={this.props.num}
               size={this.props.size}/>
      </div>
    );
  }
}
```

color, num, size 속성을 다시 나열했음에 주목하자. ReactDOM.render에서와의 다른 점은 각 속성의 값을 직접 지정하는 대신 props 객체에서 가져왔다는 것뿐이다.

Label 컴포넌트가 살아있는 동안에는 color, num, size 속성이 저장돼 있는 props 객체는 계속 존재한다. 여기서 왠지 반복적인 패턴이 생길 것 같은 느낌이 들 것이다. 하품이 나온다면 해도 좋다.

Label 컴포넌트는 Display 컴포넌트를 호출하면서 그 전통을 이어간다.

```
class Label extends React.Component {
  render() {
    return (
      <Display color={this.props.color}
               num={this.props.num}
               size={this.props.size}/>
    );
  }
}
```

Display 컴포넌트를 호출할 때 Label 컴포넌트의 props 객체로부터 가져온 각 값을 지정한, 이전과 동일한 속성들을 포함시켰다. 이제 거의 다 왔다. Display 컴포넌트는 props 객체 안의 값으로 각 속성들을 보여줄 것이다.

```
class Display extends React.Component {
  render() {
    return (
      <div>
        <p>{this.props.color}</p>
        <p>{this.props.num}</p>
        <p>{this.props.size}</p>
      </div>
    );
  }
}
```

휴, Display 컴포넌트가 color, num, size에 대한 값을 표시하는 게 우리가 원하는 전부다. 문제는 그 값들이 애당초 ReactDOM.render에서 정의됐다는 점이다. 우리는 지금 그에 대한 짜증 나는 해법 중 하나를 봤다. 즉, 목적지를 향하는 경로에 있는 모든 컴포넌트들이 각 속성에 접근하고 재정의해 전달하는 것이다. 끔찍한 방법이다. 이보다 더 나은 방법을 알아보자.

스프레드 연산자와의 만남

이 문제의 해결책은 최근 자바스크립트 표준에 포함된 스프레드 연산자spread operator(또는 전개 연산자)에 있다. 아무 맥락도 없이 스프레드 연산자를 설명하기는 힘드니, 먼저 예제를 살펴본 후 스프레드 연산자의 정의를 알아볼 것이다.

다음 코드를 보자.

```
var items = ["1", "2", "3"];

function printStuff(a, b, c) {
  console.log("Printing: " + a + " " + b + " " + c);
}
```

여기에는 세 개의 값을 갖는 items라는 배열이 있다. 또한 세 개의 인자를 받는 printStuff라는 함수도 있다. 이제 items 배열에 있는 세 개의 값을 printStuff 함수에 인자로 넘겨 호출하고자 한다. 이 정도는 충분히 쉬운 일이지 않은가?

다음은 흔히 사용하는 방법 가운데 하나다.

```
printStuff(items[0], items[1], items[2]);
```

잘 알고 있듯 각 배열 아이템에 개별로 접근해 printStuff 함수로 넘기는 방법이다. 그런데 그 대신 스프레드 연산자를 사용하면 일이 더 쉬워진다. 배열의 각 아이템을 개별로 지정할 필요 없이 다음처럼 하면 되기 때문이다.

```
printStuff(...items);
```

items 배열 앞에 있는 '...'이 바로 스프레드 연산자다. 즉 ...items라고 하면 앞서 사용했던 items[0], items[1], items[2]와 동일한 의미다. 이제 printStuff 함수는 1, 2, 3을 콘솔에 출력할 것이다. 멋지지 않은가?

스프레드 연산자가 어떻게 작동하는지 살펴봤으니, 이제 정의를 내려보자. 스프레드 연산자는 배열 안의 개별 요소를 밖으로 풀어내는 역할을 한다. 그 외에도 스프레드 연산자가 하는 일이 몇 가지 더 있지만, 지금은 중요하지 않다. 우리는 스프레드 연산자의 이 기능만을 사용해 속성 전달의 문제를 해결할 것이다.

더 나은 속성 전달 방법

우리는 이제 스프레드 연산자를 사용한 예제를 통해 배열의 모든 아이템을 일일이 열거하는 일을 피할 수 있는 방법을 알았다.

```
var items = ["1", "2", "3"];

function printStuff(a, b, c) {
  console.log("Printing: " + a + " " + b + " " + c);
}

// 스프레드 연산자 사용
printStuff(...items);

// 스프레드 연산자 미사용
printStuff(items[0], items[1], items[2]);
```

여러 컴포넌트에 걸쳐 속성을 전달하는 문제는 배열의 각 아이템에 일일이 접근하는 문제와 매우 유사하다. 더 자세히 알아보자.

컴포넌트 안의 props 객체는 다음과 같은 모습이다.

```
var props = {
  color: "steelblue",
  num: "3.14",
  size: "medium"
};
```

이들 속성 값을 자식 컴포넌트에 전달하려면 다음과 같이 props 객체의 각 아이템에 일일이 접근해야 한다.

```
<Display color={this.props.color}
         num={this.props.num}
         size={this.props.size}/>
```

우리가 스프레드 연산자를 사용해 배열을 풀 수 있었듯, 이 객체도 풀어서 속성과 값 쌍을 전달할 수 있다면 좋지 않을까?

방법이 있다. 여기서도 스프레드 연산자가 이용된다. 즉, 다음과 같이 ...props를 사용해 Display 컴포넌트를 호출할 수 있다.

```
<Display {...this.props} />
```

...props를 사용하면 color, num, size 속성을 일일이 지정했을 때와 동일하게 작동한다. 이는 앞 예제의 일부를 다음과 같이 간단하게 만들 수 있다는 의미다.

```
class Display extends React.Component {
  render() {
    return (
      <div>
        <p>{this.props.color}</p>
        <p>{this.props.num}</p>
        <p>{this.props.size}</p>
      </div>
    );
  }
```

```
}

class Label extends React.Component {
  render() {
    return (
      <Display {...this.props} />
    );
  }
}

class Shirt extends React.Component {
  render() {
    return (
      <div>
        <Label {...this.props} />
      </div>
    );
  }
}
```

이 코드를 실행해도 그 결과는 이전과 같다. 가장 큰 차이는 컴포넌트를 호출할 때 각 속성을 일일이 풀어서 전달할 필요가 없다는 점이다. 이로써 우리가 가졌던 문제가 해결됐다.

스프레드 연산자를 사용하면 속성을 추가하거나, 이름을 바꾸거나, 삭제하거나, 그 밖의 속성과 관련된 어떤 장난을 치는 경우라도 수많은 변경 작업을 할 필요가 없다. 속성을 선언한 지점에서 한 번 변경하면 되고, 그 속성을 사용하는 곳에서 한 번 변경하면 된다. 그게 전부다. 단지 속성을 전달하기만 하는 중간의 모든 컴포넌트들은 건드리지 않아도 된다. {...this.props} 표현식에는 그 안에 담겨 있는 내용에 대한 표현이 없기 때문이다.

> **노트: 과연 속성을 전달하는 최선의 방법인가?**
>
> 스프레드 연산자를 사용해 속성을 전달하는 일은 편리하며, 각 컴포넌트에 각 속성들을 명시적으로 정의했던 방법에 비하면 두드러진 발전이다. 그러나 사실은 스프레드 연산자조차 완벽한 해법은 아니다. 특정 컴포넌트로 속성을 전달하는 게 하고자 하는 일의 전부라면, 불필요한 각 중간 컴포넌트들이 전달자 역할을 해야 하기 때문이다. 게다가 성능 저하의 가능성도 있다. 어떤 속성의 변경이라도 그 속성을 전달하는 모든 컴포넌트들까지 갱신 작업이 일어나기 때문이다. 이는 좋지 않은 일이다. 따라서 속성 전달의 문제를 아무런 부작용 없이 해결하는 훨씬 나은 방법을 나중에 다시 알아보자.

정리

ES6 위원회는 스프레드 연산자를 배열이나 그와 비슷한 객체(Symbol.iterator 속성을 가진 객체)에만 작동하게끔 설계했다. 그러나 리액트가 표준을 확장해준 덕분에 props 객체와 같은 객체 리터럴에도 스프레드 연산자를 사용할 수 있게 됐다. 그러나 현재 객체 리터럴에 대한 스프레드 연산자의 사용을 지원하는 브라우저가 없다. 우리 예제가 작동할 수 있었던 이유는 바벨 때문이다. 바벨은 JSX를 브라우저가 이해할 수 있는 언어로 변환하는 일 외에도, 최신의 실험적인 기능을 모든 브라우저에 걸쳐 사용할 수 있게 해준다. 그게 우리가 객체 리터럴에 스프레드 연산자를 사용할 수 있었던, 동시에 여러 계층의 컴포넌트에 걸친 속성 전달의 문제를 우아하게 해결할 수 있었던 이유다.

자, 문제될 것이라도 있는가? 스프레드 연산자에 대한 감을 잡고 어떤 상황에서 작동하거나 그렇지 않은지를 아는 일이 정말 중요할까? 많은 경우 그렇지 않다. 스프레드 연산자를 사용해도 한 컴포넌트에서 다른 컴포넌트로 속성을 이동시킬 수 있었다는 사실이 중요한 점이다. 다른 중요한 부분은 나중에 어떤 성능 이슈도 없이 간단하게 속성을 전달시키는 또 다른 방법을 살펴보면서 알게 될 것이다.

노트: 무엇이든 물어보세요!

어떤 궁금증이 있거나 코드가 예상대로 잘 작동하지 않는다면 망설이지 말고 질문하기 바란다.
https://forum.kirupa.com에 질문을 올리면 인터넷상의 친절하고 똑똑한 사람들로부터 도움을 받을 수 있다!

7

JSX와의 재회

지금까지 JSX를 많이 사용해왔지만 JSX가 무엇인지 자세히 알아보지는 않았었다. JSX의 동작 원리는? JSX를 HTML이라 부르지 않는 이유는? JSX에 숨겨져 있는 재미있는 사실은? 7장에서는 이에 대한 모든 대답과 그 이상의 내용을 알아본다. 또한 JSX에 대해 알아야 할 사항을 들여다보기 위해 조금 과감하지만 약간의 역진 추적^{backtracking}과 전진 추적^{forwardtracking}도 해볼 것이다.

JSX의 실체

앞서 우리가 그냥 넘어갔던 가장 큰 사항 중 하나는 JSX를 작성한 후 벌어지는 일에 대해서다. 즉, JSX가 최종적으로 HTML로 변환되는 방법에 관한 얘기다. 이전에 Card 컴포넌트를 정의했었던 코드를 다시 보자.

```
class Card extends React.Component {
  render() {
    var cardStyle = {
      height: 200,
      width: 150,
      padding: 0,
      backgroundColor: "#FFF",
      boxShadow: "0px 0px 5px #666"
    };

    return (
      <div style={cardStyle}>
```

```
      <Square color={this.props.color} />
      <Label color={this.props.color} />
    </div>
  );
  }
}
```

위 코드에서 JSX를 쉽게 찾을 수 있다. 바로 다음의 네 라인이다.

```
<div style={cardStyle}>
  <Square color={this.props.color} />
  <Label color={this.props.color} />
</div>
```

브라우저는 JSX와 관련해 아무것도 모른다는 사실을 유념하기 바란다. 이는 JSX를 브라우저가 이해할 수 있는 언어, 즉 자바스크립트로 변환해주는 바벨과 같은 툴이 필요한 이유다.

달리 말하면 JSX는 오직 인간의 눈에 맞춰진 언어라는 의미다. 우리가 작성한 JSX가 브라우저에 도달했을 때는 다음과 같은 순수 자바스크립트로 변환돼 있을 것이다.

```
return React.createElement(
  "div",
  { style: cardStyle },
  React.createElement(Square, { color: this.props.color }),
  React.createElement(Label, { color: this.props.color })
);
```

보다시피 HTML 엘리먼트와 속성 그리고 자식 엘리먼트를 위한 createElement의 호출 코드로 모두 변환됐다. 다음은 자바스크립트로 변환된 후의 Card 컴포넌트의 전체 코드다.

```
class Card extends React.Component {
  render() {
    var cardStyle = {
      height: 200,
      width: 150,
      padding: 0,
```

```
      backgroundColor: "#FFF",
      boxShadow: "0px 0px 5px #666"
    };

    return React.createElement(
      "div",
      { style: cardStyle },
      React.createElement(Square, { color: this.props.color }),
      React.createElement(Label, { color: this.props.color })
    );
  }
}
```

이제 JSX의 흔적은 어디에도 없다. JSX를 작성할 당시의 코드와 브라우저가 보게 될 코드 사이의 모든 변경 사항은 1장, '리액트 소개'에서 언급했었던 트랜스파일 과정의 일부에 해당한다. 온전히 브라우저 안에서 JSX를 JS로 변환시켜주는 바벨 덕분에 트랜스파일은 우리 눈에 보이지 않는 곳에서 이뤄진 것이다. 이 책의 후반에는 변환된 JS가 파일로 생성되는 본격적인 빌드 환경의 일부로서 바벨의 사용법을 자세히 알아볼 것이다.

그러나 지금은 이걸로 충분하다. JSX에 어떤 일이 일어나는지에 대한 대답은 됐기 때문이다. 바로 자바스크립트로의 앙증맞은 변신 말이다.

기억해야 할 JSX의 특징

지금까지 JSX로 작업하면서 우리가 할 수 있거나 할 수 없는 몇몇 임의의 규칙이나 예외 사항들을 겪어왔다. 지금부터는 그와 같은 JSX의 특징들을, 새로운 사항도 포함해 알아보자!

표현식 평가

JSX는 자바스크립트처럼 취급된다. 이는 다음과 같은 식으로 JSX가 정적 콘텐츠만을 다루게 제한돼 있지 않다는 의미다.

```
class Stuff extends React.Component {
  render() {
    return (
```

```
      <h1>Boring static content!</h1>
    );
  }
};
```

리턴되는 값을 동적으로 생성되게 할 수 있다. 해야 할 일은 표현식을 중괄호로 감싸는 것이 전부다.

```
class Stuff extends React.Component {
  render() {
    return (
      <h1>Boring {Math.random() * 100} content!</h1>
    );
  }
}
```

난수 생성을 위해 Math.random()을 호출했다는 점에 주목하자. 이는 정적인 텍스트와 나란히 평가되는데, 중괄호가 있기 때문에 결국 보게 될 내용은 Boring 28.63888 20148227 content!와 같은 식이다.

중괄호는 표현식 먼저 평가돼 그 결과를 리턴하게 만든다. 중괄호가 없었다면 보게 될 내용은 Boring Math.random() * 100 content!였을 것이다.

이는 원하는 바가 아닐 것이다.

복수의 엘리먼트 리턴

지금까지의 예제에서 항상 여러 다른 엘리먼트를 자식으로 두는 상위 엘리먼트(보통은 div) 하나만을 리턴했던 점을 알 것이다. 그러나 기술적으로 제한이 있는 것은 아니다. 실제로 복수의 엘리먼트를 리턴할 수 있으며, 그에 대한 두 가지 방법이 있다.

첫 번째 방법은 배열같은 식의 문법을 사용하는 것이다.

```
class Stuff extends React.Component {
  render() {
    return (
      [
        <p>I am</p>,
        <p>returning a list</p>,
```

```
      <p>of things!</p>
    ]
  );
  }
}
```

여기서는 단일한 부모 엘리먼트 없이 p 태그 세 개를 리턴하고 있다. 리액트의 버전에 따라 다를 수 있지만 복수의 아이템을 리턴할 때 다룰 수도 있는 사항이 하나 있다. 바로 각 아이템에 key 속성과 고유의 값을 지정하는 일이다.

```
class Stuff extends React.Component {
  render() {
    return (
      [
        <p key="1">I am</p>,
        <p key="2">returning a list</p>, <p key="3">of things!</p>
      ]
    );
  }
}
```

이렇게 하면 리액트가 어떤 엘리먼트를 다뤄야 하는지, 그리고 변경이 발생했는지 더 잘 이해할 수 있다. 리액트 버전에 따라 key 속성을 추가하는 게 좋은 상황인지 어떻게 알 수 있을까? 리액트가 알려준다. key 속성을 사용하지 않은 상태에서 개발자 도구의 콘솔에 "Warning: Each child in an array or iterator should have a unique "key" prop."과 같은 메시지가 나왔다면, 사용하는 게 낫다.

복수의 엘리먼트를 리턴하는 또 다른, 아마도 더 나은 방법이 하나 더 있다. 여기에는 리액트 v16.2.0부터 추가된 프래그먼트Fragments라는 패턴이 개입된다. 사용 방법은 다음과 같다.

```
class Stuff extends React.Component {
  render() {
    return (
      <React.Fragment>
        <p>I am</p>
        <p>returning a list</p>
        <p>of things!</p>
```

```
        </React.Fragment>
      );
    }
}
```

보다시피 리턴하고 싶은 아이템들을 React.Fragment라는 마법의 컴포넌트 안에 넣기만
하면 된다. 이와 관련해 몇 가지 더 알아두면 좋다.

1. React.Fragment 컴포넌트는 실제로 DOM 엘리먼트로 생성되지 않는다. 단지
   HTML로 트랜스파일될 때 존재하지 않는 것으로 취급하라고 JSX에게 알려줄 뿐
   이다.

2. 아이템들이 배열에 담겨 리턴되는 것이 아니므로 쉼표나 다른 구분자가 필요 없다.

3. key 속성과 고윳값을 지정할 필요가 없다. 그와 관련된 모든 사항은 물밑에서 알
   아서 관리된다.

다음 주제로 가기 전에 짐승처럼 React.Fragment를 지정하는 대신 사용할 수 있는 축약
된 구문 하나를 알려주겠다. 바로 빈 <>와 </> 태그다.

```
class Stuff extends React.Component {
  render() {
    return (
      <>
        <p>I am</p>
        <p>returning a list</p>
        <p>of things!</p>
      </>
    );
  }
}
```

뭔가 미래에서 온 것처럼 보이기도 하지만, 복수의 아이템을 자주 리턴하는 경향이 있다
면 이 간단한 구문을 사용하는 방법도 고려하기 바란다.

인라인 CSS 사용 불가

4장, '리액트 스타일링'에서 봤듯, JSX에서의 style 속성은 HTML에서의 style 속성과 다르게 동작한다. HTML에서는 다음과 같이 CSS 속성을 style이라는 엘리먼트 속성에 직접 지정할 수 있다.

```
<div style="font-family:Arial;font-size:24px">
  <p>Blah!</p>
</div>
```

그러나 JSX에서는 style 속성 안에 직접 CSS를 포함할 수 없으며, 그 대신 다음과 같이 스타일 정보를 담은 객체를 참조해야 한다.

```
class Letter extends React.Component {
  render() {
    var letterStyle = {
      padding: 10,
      margin: 10,
      backgroundColor: this.props.bgcolor,
      color: "#333",
      display: "inline-block",
      fontFamily: "monospace",
      fontSize: "32",
      textAlign: "center"
    };

    return (
      <div style={letterStyle}>
        {this.props.children}
      </div>
    );
  }
}
```

보다시피 카멜 표기법으로 된 모든 CSS 속성과 값을 포함하는 letterStyle 객체를 style 속성에 지정하고 있다.

주석

HTML, CSS, 자바스크립트에 주석을 넣는 게 좋은 생각이듯, JSX에 주석을 넣는 일도 권장한다. JSX에 주석을 넣는 방법은 단 한 가지를 제외하면 자바스크립트의 경우와 흡사하다. 그 한 가지란 태그의 자식 위치에 주석을 넣을 때, 다음과 같이 주석이 표현식으로 해석될 수 있게 중괄호로 감싸야 한다는 점이다.

```
ReactDOM.render(
  <div className="slideIn">
    <p className="emphasis">Gabagool!</p>
    {/* 자식으로서의 주석 */}
    <Label/>
  </div>,
  document.querySelector("#container")
);
```

이 주석은 div 엘리먼트의 자식으로 존재한다. 반면 주석을 태그 안에 넣을 경우에는 중괄호로 감쌀 필요 없이 한 라인이나 여러 라인의 주석을 지정할 수 있다.

```
ReactDOM.render(
  <div className="slideIn">
    <p className="emphasis">Gabagool!</p>
    <Label
      /* 이 주석은
          여러 라인에
          걸쳐 있다 */
      className="colorCard" // 라인 끝에 넣은 주석
    />
  </div>,
  document.querySelector("#container")
);
```

여기서는 여러 라인에 걸친 주석과 라인의 끝에 추가하는 주석의 예를 살펴봤다. 이제 주석에 대한 모든 사항을 알았으니, JSX에 주석을 넣지 않았을 때의 변명거리 하나는 줄게 됐다.

대소문자 구별

대소문자의 구별은 중요한 사항이다. HTML 엘리먼트를 나타낼 때는 다음과 같이 태그를 소문자로 써야 한다.

```
ReactDOM.render(
  <div>
    <section>
      <p>Something goes here!</p>
    </section>
  </div>,
  document.querySelector("#container")
);
```

그러나 컴포넌트를 나타낼 때는 그 이름에 대문자가 사용돼야 한다.

```
ReactDOM.render(
  <div>
    <MyCustomComponent/>
  </div>,
  document.querySelector("#container")
);
```

대소문자 구별을 정확히 하지 않으면 리액트는 콘텐츠를 렌더링하지 않는다. 대소문자 구별은 코드가 제대로 동작하지 않을 때 마지막으로 확인해볼 수 있는 사항이므로 작은 팁으로서 기억해두기 바란다.

어디서든 가능한 JSX

많은 경우 JSX 코드는 render나 return 함수 안에만 얌전히 있는 게 아니다. 다음 코드를 보자.

```
var swatchComponent = <Swatch color="#2F004F"></Swatch>;

ReactDOM.render(
  <div>
    {swatchComponent}
```

```
  </div>,
  document.querySelector("#container")
);
```

여기에는 한 라인의 JSX 코드로 초기화되는 swatchComponent라는 변수가 있다. 이 컴포넌트는 render 함수 안에서 swatchComponent 변수가 사용될 때 초기화된다. 이 예제 코드는 완전히 유효하며, 추후 자바스크립트를 사용해 JSX를 생성하고 조작하는 방법을 배우게 되면 이런 식의 코딩을 더 많이 하게 될 것이다.

정리

7장에서는 앞서 다뤘던 JSX와 관련된 조각들을 한데 모아 정리하며 살펴봤다. 기억해야 할 가장 중요한 사항은 JSX는 HTML이 아니라는 점이다. JSX는 HTML과 닮았으며 HTML과 비슷하게 작동하지만, 궁극적으로는 자바스크립트로 번역되게 설계됐다. 이는 JSX로 작업할 때 HTML을 사용하는 상황을 상상할 필요가 없다는 의미다. 표현식을 검토하거나 프로그래밍 방식으로 JSX 코드를 다루는 일은 시작에 불과하다. 이후에는 자바스크립트와 JSX를 교차해 사용하는 방법도 배울 것이다.

노트: 무엇이든 물어보세요!

어떤 궁금증이 있거나 코드가 예상대로 잘 작동하지 않는다면 망설이지 말고 질문하기 바란다.

https://forum.kirupa.com에 질문을 올리면 인터넷상의 친절하고 똑똑한 사람들로부터 도움을 받을 수 있다!

8

상태 다루기

지금까지 우리가 만든 컴포넌트는 무상태stateless 컴포넌트였다. 부모로부터 받은 속성은 있으나, 실행될 때 그 속성과 관련한 어떤 변화도 일으키지 않았다. 즉, 한 번 설정되면 변하지 않는 속성처럼 사용됐다. 그러나 상호적인 시나리오를 가지는 많은 경우에는 그렇게 할 수 없을 것이다. 사용자와의 상호작용 결과로 컴포넌트의 어떤 부분은 변경돼야 하기 때문이다. 또는 서버로부터 데이터를 가져오거나, 그 밖의 무수히 많은 종류의 일들이 있을 수 있다.

우리에게 필요한 건 속성의 수준을 넘어 컴포넌트에 데이터를 저장하는 또 다른 방법이다. 이는 변경되는 데이터를 저장해야 한다는 의미다. 그 데이터를 바로 상태state라고 한다. 8장에서는 상태에 대한 모든 사항을 살펴보고 상태 보존stateful 컴포넌트를 만들어 사용하는 방법을 배울 것이다.

상태 사용하기

속성을 다루는 방법을 안다면 이미 상태를 다루는 방법도 아는 것과 다름없다. 약간의 차이점은 있으나 아주 미묘하기 때문에 성가실 정도는 아니다. 따라서 곧바로 간단한 예제를 통해 상태를 다루는 방법을 알아보자.

우리가 만들 앱은 번개 친 횟수를 기록하는, 그림 8.1과 같은 간단한 번개 카운터다.

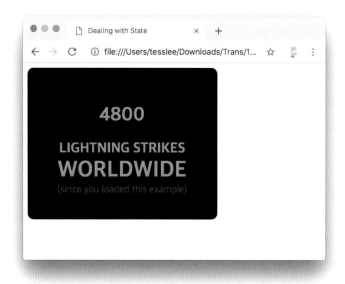

그림 8.1 우리가 만들 앱

이 예제는 특별히 어려운 게 아니다. 『내셔널 지오그래픽National Geographic』에 따르면 번개는 초당 100번씩 지구 표면을 때린다고 한다. 우리의 카운터는 단순히 그 횟수만큼 카운트를 증가시킬 것이다. 이제 시작해보자.

시작 지점

이 예제의 중요한 핵심은 상태를 사용하는 방법을 알아보는 데 있다. 백지 상태에서 코딩해 예제를 만들거나 이미 여러 번 했었던 코드를 짚어가며 진행할 시간적 여유는 없다. 시간은 누구에게나 소중하니 말이다.

기존 HTML 문서를 수정하거나 다음과 같은 내용의 새 문서를 만들자.

```
<!DOCTYPE html>
<html>

<head>
  <meta charset="utf-8">
  <title>Dealing with State</title>
```

```
  <script src="https://unpkg.com/react@16/umd/react.development.js"></script>
  <script src="https://unpkg.com/react-dom@16/umd/react-dom.development.js">
</script>
  <script src="https://unpkg.com/babel-standalone@6.15.0/babel.min.js"></script>
</head>

<body>
  <div id="container"></div>

  <script type="text/babel">
    class LightningCounter extends React.Component {
      render() {
        return (
          <h1>Hello!</h1>
        );
      }
    }

    class LightningCounterDisplay extends React.Component {
      render() {
        var divStyle = {
          width: 250,
          textAlign: "center",
          backgroundColor: "black",
          padding: 40,
          fontFamily: "sans-serif",
          color: "#999",
          borderRadius: 10
        };

        return (
          <div style={divStyle}>
            <LightningCounter/>
          </div>
        );
      }
    }

    ReactDOM.render(
      <LightningCounterDisplay/>,
```

```
      document.querySelector("#container")
    );
  </script>
</body>

</html>
```

잠시 코드를 훑어보자. 먼저 LightningCounterDisplay라는 컴포넌트가 보인다. 이 컴포넌트의 대부분은 둥근 모서리의 배경을 위한 스타일 정보를 담고 있는 divStyle 객체가 차지하고 있다. 또한 render 함수는 LightningCounter 컴포넌트를 감싸는 div 엘리먼트를 리턴한다.

결국 모든 일이 벌어지는 장소는 LightningCounter 컴포넌트다.

```
class LightningCounter extends React.Component {
  render() {
    return (
      <h1>Hello!</h1>
    );
  }
}
```

지금 이 컴포넌트에 흥미로운 내용은 없다. 단지 Hello!를 리턴할 뿐이다. 괜찮다. 이후에 이 컴포넌트를 수정해 나갈 것이기 때문이다.

마지막으로 봐야 할 건 ReactDOM.render 메소드다.

```
ReactDOM.render(
  <LightningCounterDisplay/>,
  document.querySelector("#container")
);
```

보다시피 LightningCounterDisplay 컴포넌트를 DOM 안의 container 엘리먼트에 밀어 넣고 있다. 이게 전부다. 최종 결과는 LightningCounterDisplay와 LightningCounter 컴포넌트 그리고 ReactDOM.render 메소드가 조합된 마크업이다.

카운터 켜기

어떻게 시작할지에 대한 아이디어를 얻었으니, 이제 다음 단계를 계획할 차례다. 카운터의 작동 방법은 아주 간단하다. setInterval 함수를 사용해 1,000밀리초(1초)마다 어떤 코드를 호출할 것이다. 그 '어떤 코드'란 한 번에 100만큼 값을 증가시키는 코드다. 매우 직관적이지 않은가?

이 모든 걸 가능하게 하려면 리액트 컴포넌트가 제공하는 두 개의 API에 의존해야 한다.

1. componentDidMount

    이 메소드는 컴포넌트가 렌더링(또는 마운트)된 후에 실행된다.

2. setState

    이 메소드는 state 객체의 값을 갱신할 수 있게 해준다.

곧 이들 API를 설명하겠지만 지금은 미리 낯을 익히기 위해 잠시 소개했다.

초기 상태 값 설정

우선 카운터 역할을 할 변수가 필요하다. 이 변수를 strikes라고 하자. 변수를 만드는 방법은 많다. 이를테면 다음과 같은 뻔한 방법이 있다.

```
var strikes = 0;
```

그러나 우리는 이렇게 하지 않을 것이다. 우리 예제에서 strikes 변수는 컴포넌트 상태의 일부다. 따라서 state 객체를 만들고 그 속성으로 strikes 변수를 사용함으로써, 컴포넌트가 생성될 때 그 모든 준비가 되게끔 해야 한다. 이때의 컴포넌트는 바로 LightningCounter다. 이제 다음과 같이 코드를 추가하자.

```
class LightningCounter extends React.Component {
  constructor(props) {
    super(props);

    this.state = {
      strikes: 0
    };
  }
```

```
  render() {
    return (
      <h1>Hello!</h1>
    );
  }
}
```

여기서는 LightningCounter 컴포넌트의 생성자 안에 state 객체를 지정했다. 이는 컴포넌트가 렌더링되기 전에 실행되게 하기 위함이다. 즉, 0으로 초기화된 strikes 속성을 담은 객체를 준비하라는 지시다.

이 코드가 실행된 후에 state 객체의 값을 조사하면 아마도 다음과 같을 것이다.

```
var state = {
  strikes: 0
};
```

마무리하기 전에 strikes 속성을 시각화해보자. 다음과 같이 render 메소드를 변경한다.

```
class LightningCounter extends React.Component {
  constructor(props) {
    super(props);

    this.state = {
      strikes: 0
    };
  }

  render() {
    return (
      <h1>{this.state.strikes}</h1>
    );
  }
}
```

this.state.strikes 속성 값을 보여주는 표현식으로 Hello! 텍스트를 대체했다. 이제 브라우저로 확인해보면 화면에 0이 보일 것이다. 지금부터가 시작이다!

타이머 가동과 상태 설정

이제 타이머를 시작시키고 strikes 속성 값을 증가시켜야 할 차례다. 앞서 언급했듯 setInterval 함수를 사용해 strikes 속성을 매초마다 100씩 증가시킬 것이다. 이는 컴포넌트가 렌더링된 직후에 실행되는 내장 componentDidMount 메소드를 이용하면 된다.

일단 처음의 타이머 코드는 다음과 같다.

```
class LightningCounter extends React.Component {
  constructor(props) {
    super(props);

    this.state = {
      strikes: 0
    };
  }

  componentDidMount() {
    setInterval(this.timerTick, 1000);
  }

  render() {
    return (
      <h1>{this.state.strikes}</h1>
    );
  }
}
```

위와 같이 componentDidMount 메소드를 추가하자. 이 메소드는 컴포넌트가 렌더링된 후에 한 번 호출되므로, 그 안에 매초(1,000밀리초)마다 timerTick 함수를 호출하는 setInterval 메소드를 추가했다.

아직 timerTick 함수가 정의되지 않았으므로 다음과 같이 코드를 추가하자.

```
class LightningCounter extends React.Component {
  constructor(props) {
    super(props);
```

```
    this.state = {
      strikes: 0
    };
  }

  timerTick() {
    this.setState({
      strikes: this.state.strikes + 100
    });
  }

  componentDidMount() {
    setInterval(this.timerTick, 1000);
  }

  render() {
    return (
      <h1>{this.state.strikes}</h1>
    );
  }
}
```

timerTick 함수가 하는 일은 간단하다. 단지 setState를 호출할 뿐이다. setState 메소드는 여러 형태로 사용할 수 있는데, 여기서는 객체 하나를 인자로 받게 했다. 이 객체에는 state 객체로 병합시키기 위하는 모든 속성을 넣을 수 있다. 여기서는 현재 값에 100을 더한 값으로 설정한 strikes 속성을 넣었다.

> **노트: 기존 상태 값의 갱신**
>
> 앞의 코드에서는 this.state.strikes를 호출해 기존의 상태 값을 새로운 값으로 갱신했다. 그런데 리액트는 성능 상의 이유로 연속된 상태 갱신 작업들을 모아서 한꺼번에 처리하기도 한다. 따라서 this.state에 저장된 원래 값이 실시간으로 동기화되지 못할 수도 있다. 이를 보완하기 위해 setState 메소드는 preveState 인자를 통해 이전 상태 객체에 접근할 수 있는 방법도 제공한다.
>
> 만약 preveState를 사용했다면 다음과 같은 코드가 됐을 것이다.
>
> ```
> this.setState((prevState) => {
>   return {
>     strikes: prevState.strikes + 100
>   };
> });
> ```

> 최종 결과는 이전 코드와 동일하다. 즉, strikes 속성 값은 100만큼 증가할 것이다. 유일한 차이는 strikes 속성 값이 state 객체가 저장하고 있던 이전 값을 확실히 보장한다는 점이다.
>
> 그럼 반드시 이 방법을 사용해야만 할까? 이는 좋은 논쟁거리다. 현실적으로 this.state가 잘 동작하지만, 그럼에도 정확한 방법을 사용해야 한다는 주장이 있다. 반대로 코드를 복잡하지 않고 간명하게 유지하는 게 낫다는 주장이 있다. 결론적으로 정답은 없다. 따라서 선호하는 방법을 택하면 된다.
>
> 이 노트를 추가한 이유는 단지 논의의 완전성을 위해서다. prevState를 사용하는 경우를 마주칠 가능성이 분명히 있을 테니 말이다.

아직 하나가 더 남아 있다. 컴포넌트에 timerTick 함수는 추가됐지만, 그 콘텐츠에 컴포넌트의 컨텍스트가 유지되지는 않는다. 즉, 현재 상황에서 this.setState는 TypeError를 리턴할 것이다. 이에 대한 여러 가지 해법이 있지만, 각자 나름대로 실망스러운 점이 있다. 이 문제는 나중에 자세히 알아볼 것이다. 일단 지금은 timerTick 함수를 컴포넌트에 명시적으로 바인딩시키는 방법을 사용하자. 생성자에 다음과 같은 라인 하나를 추가한다.

```
constructor(props) {
  super(props);

  this.state = {
    strikes: 0
  };

  this.timerTick = this.timerTick.bind(this);
}
```

이제 timerTick 함수는 컴포넌트의 유용한 한 부품으로서 준비가 됐다.

상태 변경 후 렌더링

이제 앱을 테스트하면 strikes 값이 매초마다 100씩 증가하는 모습을 볼 수 있다(그림 8.2).

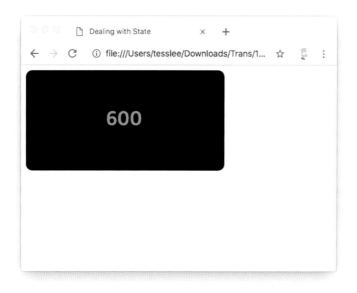

그림 8.2 매초마다 100씩 증가하는 strikes 값

코드에서 일어나고 있는 일은 잠시 무시하자. 사실 코드 자체는 매우 직관적이다. 여기서 흥미로운 점은 우리가 했던 모든 작업의 결과로 화면에 보이는 무언가를 갱신했다는 사실이다. 이는 리액트만의 작동 방식에 근거한다. 즉, setState를 통해 state 객체에 어떤 내용이 변경될 때마다 컴포넌트의 render 메소드가 자동으로 호출된다. 이는 다시 연관된 다른 모든 컴포넌트들의 render 함수를 연쇄적으로 호출한다. 그 모든 작업의 결과로 UI의 최종적인 상태가 화면에 보이게 된다. 데이터와 UI의 동기화를 유지하는 일은 UI 개발에서 가장 어려운 문제 중 하나다. 따라서 리액트가 그런 작업을 도맡아 해주는 건 다행스러운 일이며, 리액트를 공부하는 우리의 노력을 보람되게 해준다.

참고: 전체 코드

이제 매초마다 100씩 증가하는 카운터를 갖게 됐다. 이 번개 카운터에 환호할 만한 기능은 없었으나, 당장 우리가 알아야 할 리액트 상태의 사용법을 알 수 있었다. 이 예제에 좀 더 살을 붙이고 싶다면, 예제를 약간 수정한 다음의 전체 코드를 참고하기 바란다.

```
class LightningCounter extends React.Component {
  constructor(props) {
    super(props);

    this.state = {
      strikes: 0
    };

    this.timerTick = this.timerTick.bind(this);
  }

  timerTick() {
    this.setState({
      strikes: this.state.strikes + 100
    });
  }

  componentDidMount() {
    setInterval(this.timerTick, 1000);
  }

  render() {
    var counterStyle = {
      color: "#66FFFF",
      fontSize: 50
    };

    var count = this.state.strikes.toLocaleString();

    return (
      <h1>{this.state.strikes}</h1>
    );
  }
}

class LightningCounterDisplay extends React.Component {
  render() {
    var commonStyle = {
      margin: 0,
```

```
      padding: 0
    };

    var divStyle = {
      width: 250,
      textAlign: "center",
      backgroundColor: "#020202",
      padding: 40,
      fontFamily: "sans-serif",
      color: "#999999",
      borderRadius: 10
    };

    var textStyles = {
      emphasis: {
        fontSize: 38,
        ...commonStyle
      },
      smallEmphasis: {
        ...commonStyle
      },
      small: {
        fontSize: 17,
        opacity: 0.5,
        ...commonStyle
      }
    };

    return (
      <div style={divStyle}>
        <LightningCounter/>
        <h2 style={textStyles.smallEmphasis}>LIGHTNING STRIKES</h2>
        <h2 style={textStyles.emphasis}>WORLDWIDE</h2>
        <p style={textStyles.small}>(since you loaded this example)</p>
      </div>
    );
  }
}
```

```
ReactDOM.render(
  <LightningCounterDisplay/>,
  document.querySelector("#container")
);
```

이 예제를 다시 실행해보면 청록색의 영광에 싸인 번개 카운터를 볼 수 있을 것이다. 내친 김에 코드를 다시 한 번 파악해보고, 이제는 놀랄 만한 내용이 거의 없다는 사실을 확인하기 바란다.

정리

8장에서는 상태 보존 컴포넌트로 무엇을 할 수 있는지 살짝 알아봤다. 지금은 타이머를 사용해 상태 객체 안의 내용을 갱신하는 멋진 일을 했지만, 추후 사용자의 상호작용과 상태를 조합할 일이 생기면 비로소 본격적인 게임이 시작될 것이다. 지금까지는 다루지 않았던, 컴포넌트가 깊게 관여하는 마우스, 터치, 키보드를 비롯한 여러 관련 있는 것들을 이후에 다뤄본다. 그러면서 전혀 새로운 수준의 상태 관리를 알아보게 될 것이다.

> **노트: 무엇이든 물어보세요!**
> 어떤 궁금증이 있거나 코드가 예상대로 잘 작동하지 않는다면 망설이지 말고 질문하기 바란다.
> https://forum.kirupa.com에 질문을 올리면 인터넷상의 친절하고 똑똑한 사람들로부터 도움을 받을 수 있다!

9

데이터에서 UI로

앱 개발에서 속성, 상태, 컴포넌트, JSX 태그, render 메소드, 그 외 리액트와 관련된 사항은 아마도 개발 과정의 후반 즈음에 고민할 것이다. 대신 대부분의 시간은 데이터를 다루는 일이 차지할 것이다. 데이터는 JSON 객체, 배열, 또는 그 밖의 다른 데이터 구조의 형태를 가지며, 리액트 자체나 어떤 시각적 부분과도 관련이 없다. 원래의 데이터와 화면에 보여줄 내용과의 사이를 이어주는 일은 매우 끔찍할 수 있다. 그러나 걱정할 필요는 없다. 9장에서 실전에서 보게 될 일반적인 시나리오를 가지고 그런 힘든 부분들을 경감시킬 수 있는 방법을 다룰 것이기 때문이다.

예제

앞으로의 내용을 이해하려면 먼저 예제가 하나 필요하다. 이 예제는 별로 복잡하지 않으므로, 일단 다음과 같은 내용의 새로운 HTML 문서를 준비하기 바란다.

```
<!DOCTYPE html>
<html>

<head>
  <meta charset="utf-8">
  <title>From Data to UI</title>
  <script src="https://unpkg.com/react@16/umd/react.development.js"></script>
  <script src="https://unpkg.com/react-dom@16/umd/react-dom.development.js">
</script>
  <script src="https://unpkg.com/babel-standalone@6.15.0/babel.min.js"></script>
</head>
```

```
<body>
  <div id="container"></div>

  <script type="text/babel">
    class Circle extends React.Component {
      render() {
        var circleStyle = {
          padding: 10,
          margin: 20,
          display: "inline-block",
          backgroundColor: this.props.bgColor,
          borderRadius: "50%",
          width: 100,
          height: 100,
        };

        return (
          <div style={circleStyle}>
          </div>
        );
      }
    }

    ReactDOM.render(
      <div>
        <Circle bgColor="#F9C240" />
      </div>,
      document.querySelector("#container")
    );
  </script>
</body>

</html>
```

문서를 만들었다면 곧바로 브라우저에서 확인하기 바란다. 아무 문제가 없다면 그림 9.1
과 같은 예쁜 노란색의 원을 볼 수 있을 것이다.

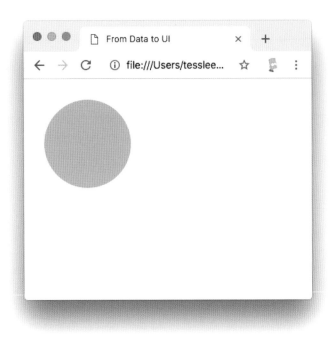

그림 9.1 예쁜 노란색의 원

이제 이 예제가 하는 일을 잠시 살펴보자. 주된 부분은 Circle 컴포넌트다.

```
class Circle extends React.Component {
  render() {
    var circleStyle = {
      padding: 10,
      margin: 20,
      display: "inline-block",
      backgroundColor: this.props.bgColor,
      borderRadius: "50%",
      width: 100,
      height: 100,
    };

    return (
      <div style={circleStyle}>
```

```
      </div>
    );
  }
}
```

코드의 대부분은 circleStyle 객체로서, 따분한 div를 멋진 원으로 바꿀 인라인 스타일 속성을 포함한다. backgroundColor 속성을 제외한 모든 스타일은 하드코딩으로 했다. backgroundColor 속성의 경우에는 전달받은 bgColor 속성으로부터 값을 가져온다.

최종적으로 화면에 보여주는 일은 익숙한 ReactDOM.render 메소드에서 한다.

```
ReactDOM.render(
  <div>
    <Circle bgColor="#F9C240" />
  </div>,
  document.querySelector("#container")
);
```

지금까지 Circle 컴포넌트 하나를 선언했고, bgColor 속성을 이용해 원의 컬러를 설정했다. 그러나 render 메소드에서 Circle 컴포넌트를 사용하는 일에는 약간의 제약이 따른다. Circle 컴포넌트의 동작에 영향을 주는 데이터를 다루는 경우에는 특히 그렇다. 지금부터는 이 문제를 해결하기 위한 방법을 살펴볼 것이다.

어디든 가능한 JSX – 2탄

이미 7장, 'JSX와의 재회'에서 JSX가 render 함수의 외부에 존재하면서 변수나 속성의 값으로 사용되는 경우를 봤다. 예를 들면 다음과 같다.

```
var theCircle = <Circle bgColor="#F9C240" />;

ReactDOM.render(
  <div>
    {theCircle}
  </div>,
  destination
);
```

theCircle 변수에는 Circle 컴포넌트를 인스턴스화하기 위한 JSX가 담긴다. 이 변수가 ReactDOM.render 함수 안에서 평가되면 그 결과로 화면에 원이 보이게 된다. 결과만 보면 앞의 예제와 다른 게 없으나, 이 코드의 경우에는 Circle 컴포넌트의 인스턴스화가 render 메소드에서 벗어남으로써 좀 더 여러 가지 일을 할 수 있게 된다.

예를 들어 다음과 같이 Circle 컴포넌트를 리턴하는 함수를 만들 수 있다.

```
function showCircle() {
  var colors = ["#393E41", "#E94F37", "#1C89BF", "#A1D363"];
  var ran = Math.floor(Math.random() * colors.length);

  // 무작위로 선택된 컬러의 Circle을 리턴
  return <Circle bgColor={colors[ran]} />;
}
```

이 경우 showCircle 함수는 Circle 컴포넌트를 리턴하는데(노잼!), bgColor 속성에 무작위로 선택된 컬러 값이 지정된다(꿀잼!). showCircle 함수를 만들었으므로 ReactDOM.render에서 할 일은 다음과 같이 이 함수를 평가하는 것뿐이다.

```
ReactDOM.render(
  <div>
    {showCircle()}
  </div>,그
  destination
);
```

표현식이 JSX를 리턴하는 한, 중괄호 안에 원하는 사항을 얼마든지 넣을 수 있다. 이런 유연성은 큰 장점인데, 자바스크립트가 render 함수의 외부에 있음으로써 많은 일이 가능하기 때문이다.

배열 다루기

이제 조금 재미있는 내용으로 들어가보자. 여러 컴포넌트를 보여주고자 할 때, 다음과 같이 항상 수작업으로 일일이 컴포넌트를 지정하기는 힘들 것이다.

```
ReactDOM.render(
  <div>
    {showCircle()}
    {showCircle()}
    {showCircle()}
  </div>,
  destination
);
```

현실의 많은 시나리오에서 컴포넌트의 수는 배열이나 그와 같은 계열(이터레이터iterator 등)의 아이템 개수와 관련 있을 것이다. 이는 약간의 복잡함을 수반한다. 예를 들어 다음과 같이 colors라고 하는 배열 하나가 있다고 하자.

```
var colors = ["#393E41", "#E94F37", "#1C89BF", "#A1D363",
              "#85FFC7", "#297373", "#FF8552", "#A40E4C"];
```

이제 이 배열의 각 아이템에 대한 Circle 컴포넌트를 만들고 각 컴포넌트의 bgColor에 해당 컬러를 설정하려 한다. 그렇게 하려면 Circle 컴포넌트의 배열도 만들어야 한다.

```
var colors = ["#393E41", "#E94F37", "#1C89BF", "#A1D363",
              "#85FFC7", "#297373", "#FF8552", "#A40E4C"];

var renderData = [];

for (var i = 0; i < colors.length; i++) {
  renderData.push(<Circle bgColor={colors[i]} />);
}
```

여기서는 renderData 배열에 Circle 컴포넌트를 채운다. 지금까지는 좋다. 이제 이 컴포넌트들을 모두 화면에 표시해야 하는데, 리액트에서는 이를 쉽게 할 수 있다. 다음 코드를 보자.

```
ReactDOM.render(
  <div>
    {renderData}
  </div>,
  destination
);
```

여기서는 render 메소드 안에 renderData 배열을 지정해 표현식으로서 평가되게끔 하는 게 전부다. 그림 9.2와 같이 보이게 하기 위해 해야 할 다른 일은 전혀 없다.

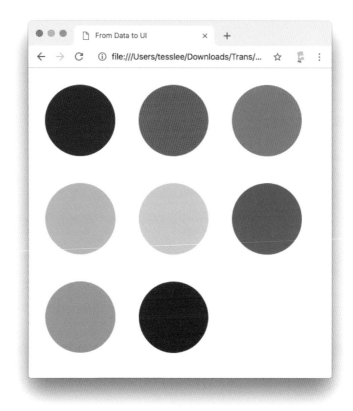

그림 9.2 브라우저에서 보이는 모습

맞다. 거짓말이다. 사소하지만 하나 더 해야 할 일이 있다. 리액트가 빠르게 UI를 갱신할 수 있는 이유는 DOM에서 일어나는 일을 정확히 파악하고 있기 때문이다. 그렇게 할 수 있게끔 여러 방법을 사용하는데, 그 가운데 주목해야 할 한 가지는 각 엘리먼트에 일종의 식별자를 부여하는 방법이다.

우리의 Circle 예제처럼 동적으로 엘리먼트를 만들 때는 자동으로 식별자가 부여되지 않는다. 따라서 추가 작업이 필요하다. 그 작업이란 리액트가 각 컴포넌트를 유일하게 식별하기 위해 사용하는 key 속성을 추가하는 일이다.

예제에서는 다음과 같이 할 수 있다.

```
for (var i = 0; i < colors.length; i++) {
  var color = colors[i];
  renderData.push(<Circle key={i + color} bgColor={color} />);
}
```

각 컴포넌트에 대해 key 속성을 추가하고 컬러와 인덱스의 조합을 그 값으로 지정했다. 이렇게 함으로써 동적으로 컴포넌트가 생성될 때, 리액트가 추후 UI 갱신 최적화에 사용할 유일한 식별자도 함께 만들어진다.

> **노트: Check your 콘솔, yo!**
>
> 리액트는 무언가 잘못되면 그걸 알려주는 데에 소질이 있다. 예를 들어 동적으로 엘리먼트나 컴포넌트를 생성할 때 key 속성을 지정하지 않았을 경우, 콘솔을 보면 다음과 같은 경고가 나타날 것이다.
>
> Warning: Each child in an array or iterator should have a unique "key" prop.
> Check the top-level render call using <div>.
>
> 리액트로 작업할 때는 주기적으로 콘솔을 확인하는 게 좋다. 비록 코드가 잘 작동하는 것처럼 보여도 미처 알지 못한 사항을 찾을 수도 있기 때문이다.

정리

9장에서 본 모든 팁이나 기법들은 단 하나의 이유 때문에 가능했다. 바로 JSX는 자바스크립트라는 사실이다. 따라서 자바스크립트가 번성한 곳이면 어디든 JSX도 함께 살 수 있다. 우리는 다음 코드를 작성할 때 뭔가 이상한 일을 하고 있다는 느낌을 받았었다.

```
for (var i = 0; i < colors.length; i++) {
  var color = colors[i];
  renderData.push(<Circle key={i + color} bgColor={color} />);
}
```

JSX 코드 조각을 배열에 밀어 넣었음에도 불구하고 render 메소드에서 renderData가 평가될 때 모든 게 잘 작동했다. 같은 말을 반복하기는 싫지만, 아무튼 브라우저가 최종적으로 보게 될 코드는 다음과 같다.

```
for (var i = 0; i < colors.length; i++) {
  var color = colors[i];

  renderData.push(React.createElement(Circle,
    {
      key: i + color,
      bgColor: color
    }));
}
```

JSX가 순수 자바스크립트로 변환된 모습을 보면 모든 게 이해된다. 이는 JSX를 꺼림직한 상황으로 떠밀었지만 우리가 원하는 결과를 얻게 해준다. 결국 자바스크립트일 뿐이다.

> **노트: 무엇이든 물어보세요!**
>
> 어떤 궁금증이 있거나 코드가 예상대로 잘 작동하지 않는다면 망설이지 말고 질문하기 바란다.
>
> https://forum.kirupa.com에 질문을 올리면 인터넷상의 친절하고 똑똑한 사람들로부터 도움을 받을 수 있다!

10

이벤트

지금까지의 예제들은 모두 페이지가 로딩되면 작업이 완료되는 경우였다. 물론 이는 일반적인 경우가 아니다. 대부분의 앱에서, 특히 풍부한 UI를 갖는 앱에서는 무엇인가에 반응해야 하는 수많은 것들이 존재한다. 그 무엇인가는 마우스 클릭, 키 입력, 창 크기 조절, 그 밖의 모든 제스처나 상호작용에 의해 촉발된다. 바로 이벤트^{event}가 그 모든 걸 가능하게 하는 접합제다.

아마 DOM 세계에서 사용해본 경험을 통해 이벤트에 대한 모든 사항을 이미 알고 있을 것이다. 혹시 가물가물하다면 https://www.kirupa.com/html5/javascript_events.htm을 참고해 기억을 되살려보기를 권한다. 리액트가 이벤트를 취급하는 방법은 약간 다르며, 그 차이에 세심한 주의를 기울이지 않으면 놀라게 될 일들이 많을 것이다. 그러나 걱정할 필요는 없다. 그게 이 책을 보는 이유이니 말이다. 처음에는 간단한 몇 개의 예제로 시작해, 점점 더 이상하고 복잡하고 짜증 나는 상황들을 헤쳐나갈 것이다.

이벤트 리스닝하기와 반응하기

리액트에서의 이벤트를 배우는 가장 쉬운 방법은 실제로 사용해보는 것이다. 이를 위해 버튼을 누를 때마다 숫자가 증가하는 간단한 카운터 예제로 시작하자. 일단 우리 예제는 그림 10.1과 같은 모습이다.

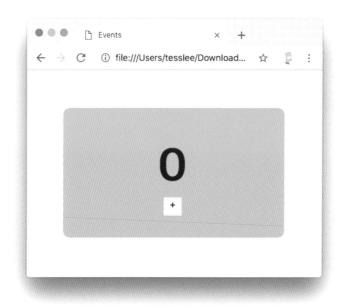

그림 10.1 우리 예제

플러스 버튼을 누를 때마다 카운터의 값은 1씩 증가한다. 플러스 버튼을 여러 번 누른 후의 모습은 그림 10.2와 같다.

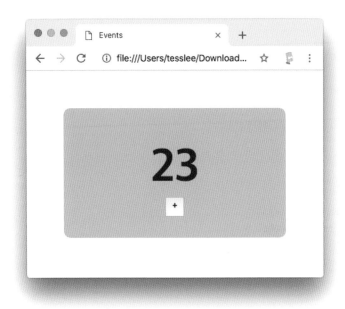

그림 10.2 플러스 버튼을 여러 번(23번) 누른 후의 모습

사용자가 버튼을 클릭하면 이벤트가 발생하며, 이벤트를 리스닝하고 있던 앱은 그 이벤트를 감지해 그에 반응하는 작업을 한다. 이 예제가 작동하는 방식은 이처럼 매우 간단하다.

시작 지점

지금쯤은 이미 컴포넌트, 스타일, 상태 등을 다루는 방법을 잘 알고 있을 것이다. 따라서 다시 백지 상태부터 시작함으로써 시간을 낭비하지는 말자. 그 대신 우리가 공부할 이벤트와 관련된 기능만 뺀 나머지 부분이 이미 구현된 예제로 시작하자.

먼저 다음과 같은 HTML 문서를 준비한다.

```
<!DOCTYPE html>
<html>

<head>
  <meta charset="utf-8">
  <title>Events</title>
```

```
  <script src="https://unpkg.com/react@16/umd/react.development.js"></script>
  <script src="https://unpkg.com/react-dom@16/umd/react-dom.development.js">
</script>
  <script src="https://unpkg.com/babel-standalone@6.15.0/babel.min.js"></script>
  <style>
    #container {
      padding: 50px;
      background-color: #FFF; }
  </style>
</head>

<body>
  <div id="container"></div>
  <script type="text/babel">

  </script>
</body>

</html>
```

위와 같은 HTML 문서를 만들었다면 카운터 예제의 일부 코드를 추가할 차례다. container div 아래에 있는 script 태그 안에 다음과 같은 코드를 작성한다.

```
class Counter extends React.Component {
  render() {
    var textStyle = {
      fontSize: 72,
      fontFamily: "sans-serif",
      color: "#333",
      fontWeight: "bold"
    };

    return (
      <div style={textStyle}>
        {this.props.display}
      </div>
    );
  }
}
```

```
class CounterParent extends React.Component {
  constructor(props) {
    super(props);

    this.state = {
      count: 0
    };
  }

  render() {
    var backgroundStyle = {
      padding: 50,
      backgroundColor: "#FFC53A",
      width: 250,
      height: 100,
      borderRadius: 10,
      textAlign: "center"
    };

    var buttonStyle = {
      fontSize: "1em",
      width: 30,
      height: 30,
      fontFamily: "sans-serif",
      color: "#333",
      fontWeight: "bold",
      lineHeight: "3px"
    };

    return (
      <div style={backgroundStyle}>
        <Counter display={this.state.count} />
        <button style={buttonStyle}>+</button>
      </div>
    );
  }
}

ReactDOM.render(
  <div>
```

```
      <CounterParent />
    </div>,
    document.querySelector("#container")
);
```

이제 브라우저에서 예제를 확인하면 카운터의 초기 모습을 볼 수 있을 것이다. 이 코드를 봤을 때 의아한 부분이 전혀 없어야 한다. 다만 현재는 플러스 버튼을 눌렀을 때 아무 일도 하지 않는다. 지금부터 그 부분을 만들기 시작하자.

버튼 작동시키기

플러스 버튼을 클릭할 때마다 카운터의 값이 1씩 증가되게 해야 한다. 그렇게 하려면 대략 다음과 같은 작업이 필요하다.

1. 버튼의 클릭 이벤트를 리스닝한다.

2. 클릭에 반응해 카운터가 의존하는 this.state.count 속성의 값을 증가시킬 이벤트 핸들러를 구현한다.

그럼 위 순서대로 진행해보자. 먼저 클릭 이벤트를 리스닝해야 한다. 리액트에서는 모든 사항을 JSX 자체에 인라인으로 지정하는 방식으로 이벤트를 리스닝한다. 좀 더 구체적으로 말하면, 리스닝할 이벤트와 호출될 이벤트 핸들러 모두를 마크업 안에 지정해야 한다. 그렇게 하기 위해 CounterParent 컴포넌트 안의 return 함수를 찾아 다음과 같이 수정하자.

```
   .
   .
   .
return (
  <div style={backgroundStyle}>
    <Counter display={this.state.count}/>
      <button onClick={this.increase} style={buttonStyle}>+</button>
  </div>
);
```

이는 onClick 이벤트가 발생하면 increase 함수를 호출하라는 의미다. 다음은 increase 함수, 즉 이벤트 핸들러를 구현할 차례다. CounterParent 컴포넌트 안에 다음과 같이 increase 함수를 추가하자.

```
class CounterParent extends React.Component {
  constructor(props) {
    super(props);

    this.state = {
      count: 0
    };

    this.increase = this.increase.bind(this);
  }

  increase(e) {
    this.setState({
      count: this.state.count + 1
    });
  }

  render() {
    var backgroundStyle = {
      padding: 50,
      backgroundColor: "#FFC53A",
      width: 250,
      height: 100,
      borderRadius: 10,
      textAlign: "center"
    };

    var buttonStyle = {
      fontSize: "1em",
      width: 30,
      height: 30,
      fontFamily: "sans-serif",
      color: "#333",
      fontWeight: "bold",
      lineHeight: "3px"
```

```
    };

    return (
      <div style={backgroundStyle}>
        <Counter display={this.state.count} />
        <button style={buttonStyle}>+</button>
      </div>
    );
  }
}
```

여기서는 increase 함수가 호출될 때마다 this.state.count 속성 값이 1씩 증가되게 했다. 우리는 이벤트를 다뤄야 하므로, 이벤트 핸들러로 임명된 increase 함수는 이벤트를 인자로 받아야 한다. 이벤트 인자는 e로 접근할 수 있게 지정했으며, 이는 함수의 시그너처(선언부)를 보면 알 수 있다. 다양한 이벤트와 그 속성에 대해서는 이벤트에 대해 자세히 다루는 부분에서 알아볼 예정이다. 마지막으로 생성자에서는 this를 increase 함수에 바인딩했다.

이제 브라우저에서 예제를 확인해보기 바란다. 플러스 버튼을 누르면 새롭게 추가한 코드가 작동하는 모습을 볼 수 있다. 즉, 이제는 카운터의 값이 증가한다. 놀랍지 않은가?

이벤트 속성

알다시피 이벤트는 이벤트 핸들러에 인자로 전달된다. 이 이벤트 인자에는 그 종류에 따른 한 무더기의 속성들이 들어있다. 일반적인 DOM 세계에서 각 이벤트는 자신만의 타입이 있다. 예를 들어 마우스 이벤트라면 그 이벤트 객체와 인자의 타입은 MouseEvent다. 이 MouseEvent 객체를 통해 버튼의 클릭 여부나 클릭했을 당시의 포인터 위치 등 마우스의 특정 정보에 접근할 수 있다. 키보드 관련 이벤트라면 그 이벤트 객체는 KeyboardEvent 타입이다. 이 KeyboardEvent 객체를 통해 실제로 어떤 키가 눌렸는지 등을 알 수 있는 속성에 접근할 수 있다. 앞으로 계속해서 다른 이벤트 종류도 언급하겠지만, 지금은 요점을 이해하기 바란다. 각 이벤트는 그 종류마다 자신만의 속성들을 포함하며, 이벤트 핸들러에서 그 속성에 접근할 수 있다는 점 말이다.

그런데 여러분이 이미 알고 있는 내용을 왜 또 설명하고 있는지 모르겠다. 음...

합성 이벤트

리액트에서는 앞서 onClick에서 했던 것처럼 JSX에 이벤트를 지정하는 경우, 사실은 DOM 이벤트를 직접 다루지 않는다. 그 대신 합성 이벤트^{synthetic event}라고 하는 리액트의 특별한 이벤트 유형인 SyntheticEvent를 다룬다. 이벤트 핸들러는 MouseEvent나 KeyboardEvent 등과 같은 네이티브 이벤트 타입을 받지 않으며, 항상 브라우저의 네이티브 이벤트를 래핑^{wrapping}하는 SyntheticEvent 타입을 인자로 받는다. 그렇다면 우리 코드를 어떻게 바꿔야 할까? 놀랍게도 전혀 그럴 필요가 없다.

SyntheticEvent는 다음과 같은 속성들을 포함한다.

```
boolean bubbles
boolean cancelable
DOMEventTarget currentTarget
boolean defaultPrevented
number eventPhase
boolean isTrusted
DOMEvent nativeEvent
void preventDefault()
boolean isDefaultPrevented()
void stopPropagation()
boolean isPropagationStopped()
DOMEventTarget target
number timeStamp
string type
```

이들 속성은 매우 직관적으로 보이며, 또한 공통적이다. 공통적이지 않은 속성들은 SyntheticEvent가 래핑하는 네이티브 이벤트의 종류에 따라 다르다. 예를 들어 MouseEvent를 래핑하는 SyntheticEvent는 다음과 같이 마우스 이벤트에 특정적인 속성들을 갖는다.

```
boolean altKey
number button
number buttons
number clientX
number clientY
boolean ctrlKey
boolean getModifierState(key)
```

```
boolean metaKey
number pageX
number pageY
DOMEventTarget relatedTarget
number screenX
number screenY
boolean shiftKey
```

마찬가지로 KeyboardEvent를 래핑하는 SyntheticEvent는 다음과 같이 키보드 관련 속성들을 추가로 갖는다.

```
boolean altKey
number charCode
boolean ctrlKey
boolean getModifierState(key)
string key
number keyCode
string locale
number location
boolean metaKey
boolean repeat
boolean shiftKey
number which
```

결과적으로 SyntheticEvent를 가지고도 평범한 DOM 세계에서 했던 작업을 동일하게 할 수 있다는 의미다.

이제 필자가 힘들게 알아낸 팁 하나를 알려주겠다. 합성 이벤트와 그 속성을 사용할 때는 DOM 이벤트 문서를 참고하지 말기 바란다. SyntheticEvent는 DOM 이벤트를 래핑하는 것이지, 일대일 대응을 하는 게 아니기 때문이다. 심지어 일부 DOM 이벤트는 리액트에 존재하지도 않는다. 따라서 이슈가 있을 때는 DOM 이벤트 문서가 아닌, 리액트의 SyntheticEvent 문서(https://reactjs.org/docs/events.html)를 참고하기 바란다.

이벤트 속성 다루기

지금까지 DOM과 SyntheticEvent 이벤트에 관해 예상보다 많이 알게 됐을 것이다. 이제 글을 통해 가졌던 느낌은 떨쳐버리고, 새롭게 배운 지식을 활용하기 위한 코드를 작성해보자. 지금의 예제는 플러스 버튼을 누를 때 1씩 증가하는 카운터다. 이제 키보드의 시프트^{Shift} 키를 누른 채로 플러스 버튼을 클릭하면 카운터가 10씩 증가하게 이 예제를 발전시켜보자.

우리가 사용할 속성은 shiftKey며, 이는 마우스 이벤트를 래핑하는 SyntheticEvent에 포함돼 있다.

```
boolean altKey
number button
number buttons
number clientX
number clientY
boolean ctrlKey
boolean getModifierState(key)
boolean metaKey
number pageX
number pageY
DOMEventTarget relatedTarget
number screenX
number screenY
boolean shiftKey
```

이 속성이 작동하는 방식은 간단하다. 마우스 이벤트가 발생했을 때 시프트 키가 눌려 있다면 shiftKey 속성의 값은 true고, 그렇지 않으면 false다. 시프트 키가 눌려 있을 때 카운터를 10만큼 증가시키기 위해 increase 함수를 다음과 같이 수정하자.

```
increase(e) {
  var currentCount = this.state.count;

  if (e.shiftKey) {
    currentCount += 10;
  } else {
    currentCount += 1;
  }

  this.setState({
    count: currentCount
  });
}
```

코드를 수정했다면 브라우저에서 예제를 확인해보기 바란다. 플러스 버튼을 누를 때마다 카운터가 1씩 증가하는 건 그대로다. 그러나 시프트 키를 누른 채로 플러스 버튼을 클릭하면 카운터가 10씩 증가하는 모습을 볼 수 있다.

이는 다음과 같이 시프트 키의 눌림 여부에 따라 카운터 값을 다르게 증가시켰기 때문에 가능했다.

```
if (e.shiftKey) {
  currentCount += 10;
} else {
  currentCount += 1;
}
```

보다시피 SyntheticEvent의 인자인 shiftKey의 값이 true면 10을, false면 1을 증가시키고 있다.

또 다른 이벤트 처리 기법

아직 끝난 게 아니다. 지금까지는 리액트에서 이벤트를 다루는 아주 단순한 방법만을 알아봤다. 그러나 현실은 그렇게 단순하지 않다. 실제 앱은 더욱 복잡할 것이며, 리액트만의 방법을 사용해야 하기 때문에 이벤트 처리와 관련된 기법을 좀 더 알아야 한다. 이제부터 흔히 겪게 될 일반적인 상황을 놓고 이벤트를 어떻게 처리해야 하는지 알아보자.

컴포넌트의 이벤트는 직접 리스닝할 수 없다

사용자가 상호작용할 수 있는 버튼이나 또는 다른 종류의 UI 엘리먼트 하나를 가진 컴포넌트가 있다고 가정하자. 그럼 다음 코드와 같이 이벤트를 처리할 수 있을 것이다.

```
class CounterParent extends React.Component {
  constructor(props) {
    super(props);

    this.state = {
      count: 0
    };
```

```
    this.increase = this.increase.bind(this);
  }

  increase(e) {
    this.setState({
      count: this.state.count + 1
    });
  }

  render() {
    return (
      <div>
        <Counter display={this.state.count} />
        <PlusButton onClick={this.increase} />
      </div>
    );
  }
}
```

표면적으로 이 JSX 코드는 완전히 유효하다. 누군가 PlusButton 컴포넌트를 클릭하면 increase 함수가 호출될 것으로 생각된다. 이때 PlusButton 컴포넌트의 코드는 다음과 같다.

```
class PlusButton extends React.Component {
  render() {
    return (
      <button>
        +
      </button>
    );
  }
}
```

그러나 PlusButton 컴포넌트는 어떤 일도 하지 않는다. 단지 HTML 엘리먼트 하나를 리턴할 뿐이다.

이 컴포넌트를 충분히 지지고 볶지 않아서 그런 게 아니다. 컴포넌트가 리턴하는 HTML이 너무 단순하고 뻔해서도 아니다. 중요한 건 컴포넌트의 이벤트를 직접 리스닝할 수 없다는 사실이다. 컴포넌트는 DOM 엘리먼트를 감싸는 래퍼^{wrapper}이기 때문이다. 컴포넌트의 이벤트를 리스닝한다는 건 어떤 의미일까? 컴포넌트가 DOM 엘리먼트를 밖으로 풀었을 때, 이벤트를 리스닝할 때 기대했던 바대로 그 HTML 엘리먼트가 동작해줄까? 또 다른 엘리먼트들이 있는 걸까? 이벤트 리스닝과 속성 선언은 어떻게 구분할 수 있을까?

이 모든 질문에 대한 명확한 답은 없다. 또한 단순히 컴포넌트 이벤트는 리스닝하지 말라고만 하는 것도 너무 가혹하다. 다행히 이벤트 핸들러를 속성처럼 다루고 컴포넌트에 전달할 수 있는 차선책이 있다. 바로 컴포넌트 안에서 DOM 엘리먼트에 이벤트를 할당하고 속성의 값으로 이벤트 핸들러를 설정하면 된다. 말로만 하기보다는 예제를 직접 보자. 다음의 강조된 라인을 보기 바란다.

```
class CounterParent extends React.Component {
  .
  .
  .
  render() {
    return (
      <div>
        <Counter display={this.state.count} />
        <PlusButton clickHandler={this.increase} />
      </div>
    );
  }
}
```

보다시피 clickHandler라는 속성을 만들고 그 값으로 increase 이벤트 핸들러를 지정했다. 그리고 PlusButton 컴포넌트는 다음과 같이 작성하면 된다.

```
class PlusButton extends React.Component {
  render() {
    return (
      <button onClick={this.props.clickHandler}>
        +
      </button>
    );
  }
}
```

여기서는 button 엘리먼트에 onClick 이벤트를 추가하고 그 값으로 clickHandler 속성을 지정했다. 런타임 시에 이 속성은 increase 함수로 평가되며, 따라서 플러스 버튼을 클릭했을 때 increase 함수의 호출이 보장된다. 이로써 컴포넌트의 이벤트 리스닝 문제도 해결하면서, 동시에 어떤 컴포넌트든 어떤 이벤트에도 참여시킬 수 있는 방법을 찾게 됐다.

일반 DOM 이벤트의 리스닝

지금까지의 내용이 특별하게 느껴졌다면, 아직 좀 더 기다리기 바란다. 모든 DOM 이벤트가 SyntheticEvent에 대응하지는 않는다. 가령 다음과 같이 리스닝하고자 하는 이벤트에 접두어를 붙이고 대문자를 사용해 JSX에 인라인 방식으로 지정했다고 해보자.

```
class Something extends React.Component {
  .
  .
  .
  handleMyEvent(e) {
    // 이벤트 처리
  }

  render() {
    return (
      <div onSomeEvent={this.handleMyEvent}>Hello!</div>
    );
  }
}
```

이 방법으로는 코드가 작동하지 않는다. 리액트가 인식할 수 있는 공식 이벤트가 아니기 때문이다. 따라서 이 경우에는 컴포넌트 생명주기 메소드에서 addEventListener를 사용하는 전통적인 방법을 따라야 한다.

다음 코드를 보자.

```
class Something extends React.Component {
  .
  .
  .
```

```
handleMyEvent(e) {
  // 이벤트 처리
}

componentDidMount() {
  window.addEventListener("someEvent", this.handleMyEvent);
}

componentWillUnmount() {
  window.removeEventListener("someEvent", this.handleMyEvent);
}

render() {
  return (
    <div>Hello!</div>
  );
}
}
```

Something은 someEvent라는 이벤트를 리스닝하는 컴포넌트다. 컴포넌트가 렌더링되면 자동으로 호출되는 componentDidMount 메소드에서 someEvent의 리스닝을 시작한다. 이때 addEventListener에 이벤트와 이벤트 핸들러를 전달하는 방식이 사용된다.

코드 자체는 매우 직관적이다. 명심해야 할 한 가지는 컴포넌트가 소멸될 때 이벤트 리스너도 제거해야 한다는 점이다. 그렇게 하기 위해서는 componentDidMount 메소드와 대응 관계인 componentWillUnmount 메소드를 이용하면 된다. 즉, componentWillUnmount 메소드 안에 removeEventListener 함수를 추가함으로써, 컴포넌트가 소멸된 후에는 더 이상 이벤트 리스닝을 하지 않는다는 점을 확실히 해야 한다.

이벤트 핸들러 내부의 this

리액트에서 이벤트 핸들러 내부의 this는 DOM 세계의 경우와 다르다. 리액트가 아닌 세계에서는 이벤트 핸들러 안의 this가 이벤트를 발생시킨 엘리먼트를 참조한다.

```
function doSomething(e) {
  console.log(this); // 버튼 엘리먼트
}
```

```
var foo = document.querySelector("button");
foo.addEventListener("click", doSomething, false);
```

그러나 리액트 세계에서 이벤트 핸들러 안의 this는 이벤트를 발생시킨 엘리먼트의 참조가 아니다. 그 값은 도움이 안 되는, 그냥 undefined다. 지금까지 여러 번 봤듯 bind 메소드를 사용해 this를 명시적으로 지정해야 하는 이유가 이 때문이다.

```
class CounterParent extends React.Component {
  constructor(props) {
    super(props);

    this.state = {
      count: 0
    };

    this.increase = this.increase.bind(this);
  }

  increase(e) {
    console.log(this);

    this.setState({
      count: this.state.count + 1
    });
  }

  render() {
    return (
      <div>
        <Counter display={this.state.count} />
        <button onClick={this.increase}>+</button>
      </div>
    );
  }
}
```

여기서 increase 이벤트 핸들러 안의 this는 이벤트를 촉발시킨 엘리먼트가 아닌, CounterParent 컴포넌트를 참조한다. 이는 생성자 안에서 this의 값을 컴포넌트에 바인 딩시켰기 때문이다.

리액트에서의 이벤트 처리는... 도대체 왜?

10장을 마치기 전에 리액트가 왜 이벤트 처리에 있어서 전통적인 방법을 벗어나기로 결 정했는지 얘기해보자. 여기에는 다음의 두 가지 이유가 있다.

1. 브라우저 호환성
2. 성능 향상

이 두 이유에 대해 잠시 알아보자.

브라우저 호환성

이벤트 처리는 오늘날 브라우저 사이에서 일관되게 작동하는 기능 중 하나다. 그러나 예 전 브라우저 환경으로 돌아가면 상황은 급격히 악화된다. 이 문제를 해결하기 위해 리액 트는 모든 네이티브 이벤트를 SyntheticEvent 타입의 객체로 래핑함으로써, 호환되지 않 는 환경에서도 이벤트 처리를 동일한 방법으로 할 수 있게 했다.

성능 향상

복잡한 UI를 갖는 앱에서 더 많은 이벤트 핸들러를 만들수록 앱은 더 많은 메모리를 차 지하게 된다. 이를 수동으로 조치하는 일은 어렵지 않으나 지루한 일이 될 수 있으며, 때 에 따라 불가능할 수도 있다. 그리고 그런 번거로움으로 인해 득보다 실이 더 클 수도 있 다. 리액트는 바로 이 부분을 현명하게 대처했다.

리액트는 절대 이벤트 핸들러를 DOM 엘리먼트에 직접 부착하지 않는다. 리액트는 문서 최상위에 있는 하나의 이벤트 핸들러를 사용한다. 이 이벤트 핸들러는 모든 이벤트를 리 스닝하며, 이벤트 발생 시 적합한 개별 핸들러를 호출하는 책임을 진다(그림 10.3).

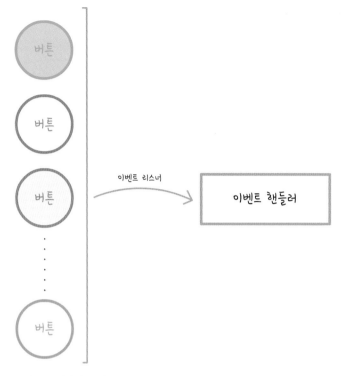

그림 10.3 리액트는 문서 최상위에 있는 하나의 이벤트 핸들러를 사용한다.

이는 이벤트 처리 코드를 우리가 직접 최적화하지 않아도 되게 해준다. 과거에 그런 최적화를 직접 해본 경험이 있다면, 이제는 리액트가 알아서 해주는 일을 누리기만 하면 된다. 만약 최적화 작업 경험이 없다면, 리액트를 만난 걸 행운으로 생각하기 바란다.

정리

앱 개발에서 이벤트 처리는 많은 시간을 들이는 일이며, 10장에서는 그와 관련된 여러 가지 사항을 알아봤다. 이벤트를 리스닝하고 이벤트 핸들러를 지정하는 기본적인 방법부터 코너에 몰려 일반적이지 않은 상황이 됐을 때의 이벤트 처리 방법까지 자세히 살폈다. 코너에 몰린다는 건 결코 즐겁지 않은 일이니 말이다.

노트: 무엇이든 물어보세요!

어떤 궁금증이 있거나 코드가 예상대로 잘 작동하지 않는다면 망설이지 말고 질문하기 바란다.

https://forum.kirupa.com에 질문을 올리면 인터넷상의 친절하고 똑똑한 사람들로부터 도움을 받을 수 있다!

컴포넌트 생명주기

우리는 컴포넌트와 그 역할을 단순한 관점에서 살펴보는 걸로 시작했다. 그러나 리액트에 대해 더 알아보고 좀 더 멋지거나 복잡한 작업을 진행하면서, 컴포넌트가 그리 단순하지는 않다는 사실을 알게 됐다. 컴포넌트는 속성, 상태, 이벤트를 다룰 때 도움을 주며, 종종 다른 컴포넌트의 안녕에 대해서도 책임을 진다. 따라서 컴포넌트가 하는 모든 일을 추적하는 작업은 쉽지 않다.

이를 위해 리액트는 생명주기 메소드^{lifecyle method}를 제공한다. 생명주기 메소드는 컴포넌트가 어떤 작업 단계에 진입할 때 자동으로 호출되는 특별한 메소드다. 이를 통해 컴포넌트 일생에서의 중요한 이정표를 알 수 있으며, 원하는 시점에 특정 작업을 수행하게 할 수 있다.

11장에서는 생명주기 메소드와 이를 통해 할 수 있는 일들에 관해 논의한다.

> **노트: 변화는 계속된다!**
>
> 이 분야에서는 생명주기 메소드의 작동 방식을 바꿀 변화가 진행 중이다. 이 책은 집필 당시의 최신 내용을 기준으로 하지만, 변경 사항이 있을 수 있다. 최신 정보는 http://bit.ly/lifecycleChanges에서 확인하기 바란다.

생명주기 메소드와의 만남

생명주기 메소드는 그리 복잡하지 않다. 컴포넌트의 일생에서 다양한 시점에 호출되는, 축복받은 이벤트 핸들러라고 생각하면 된다. 따라서 이벤트 핸들러의 경우와 마찬가지로 그 시점에서 원하는 작업을 수행하는 코드를 작성할 수 있다. 본격적으로 진행하기 전에 먼저 생명주기 메소드들과 상견례부터 하자.

- componentWillMount

- componentDidMount

- componentWillUnmount

- componentWillUpdate

- componentDidUpdate

- shouldComponentUpdate

- componentWillReceiveProps

- componentDidCatch

이게 전부가 아니다. 엄밀히 말해 생명주기 메소드는 아니지만 생명주기 메소드와 함께 자주 사용할 하나의 메소드가 더 있다. 바로 악명 높은 render 메소드다.

이미 알고 있는 메소드도 있고 그렇지 않은 메소드도 있을 것이다. 걱정할 필요 없다. 11장이 끝날 무렵이면 이 모든 메소드들에 친숙해져 있을 테니 말이다. 지금부터 이 생명주기 메소드들을 다양한 각도에서 살펴보자.

생명주기 메소드의 작동 확인

생명주기 메소드를 배우는 일은 방문할 계획이 없었던 외국의 지명을 외우는 일만큼이나 흥미진진하다. 이를 쉽게 하기 위해 먼저 간단한 예제를 통해 메소드들을 다뤄본 후 학구적인 내용으로 들어가보자.

예제를 확인하기 위해 https://www.kirupa.com/react/lifecycle_example.htm을 방문하기 바란다. 앞서 봤던 예제와 비슷한 또 다른 카운터를 볼 수 있을 것이다(그림 11.1).

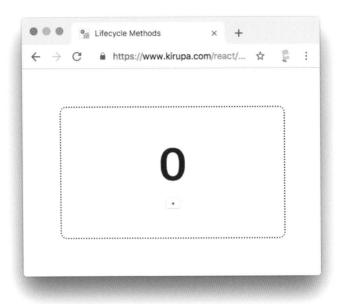

그림 11.1 또 다른 카운터 예제

아직 버튼을 클릭하지 말자. 만약 이미 클릭했다면 웹 페이지를 리프레시해 다시 처음으로 돌려놓아야 한다. 필자에게 강박 장애가 있어서가 아니다. 버튼을 누르기 전 상태에서 살펴봐야 할 게 있기 때문이다.

이제 브라우저의 개발자 도구를 열고 **콘솔**^{Console} 탭을 보자. 크롬^{Chrome}의 경우라면 그림 11.2와 같이 보일 것이다.

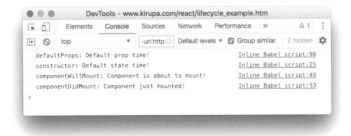

그림 11.2 크롬 개발자 도구의 콘솔

어떤 내용인지 보자. 몇 개의 메시지가 있는데 모두 생명주기 메소드의 이름으로 시작한다. 이제 플러스 버튼을 한 번 클릭하고 콘솔을 보면 생명주기 메소드가 추가로 호출됐음을 알 수 있다(그림 11.3).

그림 11.3 추가로 호출된 생명주기 메소드들

예제를 좀 더 만져보자. 이 예제는 앞서 봤던 모든 생명주기 메소드를 컴포넌트의 컨텍스트에 배치했다. 플러스 버튼을 누를 때마다 생명주기 메소드를 보여주는 메시지가 추가될 것이다. 마지막으로 카운터의 값이 5가 되면 이 카운터는 콘솔에 component WillUnmount: Component is about to be removed from the DOM!이라는 메시지를 남기고 사라지게 된다. 이때가 예제의 마지막에 도달한 시점이며, 물론 페이지를 리프레시하면 다시 처음부터 시작할 수 있다.

예제를 만져봤으니, 이제 다음의 컴포넌트 코드를 살펴보자. 전체 소스는 https://github.com/kirupa/kirupa/blob/master/reactjs/lifecycle.htm에서 볼 수 있다.

```
class CounterParent extends React.Component {
  constructor(props) {
    super(props);

    console.log("constructor: Default state time!");

    this.state = {
      count: 0
    };
```

```
    this.increase = this.increase.bind(this);
  }
  increase() {
    this.setState({
      count: this.state.count + 1
    });
  }

  componentWillUpdate(newProps, newState) {
    console.log("componentWillUpdate: Component is about to update!");
  }

  componentDidUpdate(currentProps, currentState) {
    console.log("componentDidUpdate: Component just updated!");
  }

  componentWillMount() {
    console.log("componentWillMount: Component is about to mount!");
  }

  componentDidMount() {
    console.log("componentDidMount: Component just mounted!");
  }

  componentWillUnmount() {
    console.log("componentWillUnmount: Component is about to be removed from the
DOM!");
  }

  shouldComponentUpdate(newProps, newState) {
    console.log("shouldComponentUpdate: Should component update?");
    if (newState.count < 5) {
      console.log("shouldComponentUpdate: Component should update!");
      return true;
    } else {
      ReactDOM.unmountComponentAtNode(destination);
      console.log("shouldComponentUpdate: Component should not update!");
      return false;
    }
```

```
  }

  componentWillReceiveProps(newProps) {
    console.log("componentWillReceiveProps: Component will get new props!");
  }

  render() {
    var backgroundStyle = {
      padding: 50,
      border: "#333 2px dotted",
      width: 250,
      height: 100,
      borderRadius: 10,
      textAlign: "center"
    };

    return (
      <div style={backgroundStyle}>
        <Counter display={this.state.count} />
        <button onClick={this.increase}>
            +
        </button>
      </div>
    );
  }
}
console.log("defaultProps: Default prop time!");
CounterParent.defaultProps = {

};
```

이 코드가 하는 일을 잠시 이해해보기 바란다. 코드가 뭔가 많아 보이지만, 대부분은 console.log 문장을 갖는 생명주기 메소드들을 나열한 것뿐이다. 일단 코드를 훑어봤으면 다시 브라우저로 가서 예제를 만져보기 바란다. 예제를 더 많이 실행해 어떤 일이 일어나는지 확인할수록 더 재미있는 사실을 알게 될 것이다. 이제부터 렌더링, 업데이트, 언마운트 단계에 걸친 각 생명주기 메소드들을 살펴보면서 끔찍한 지루함을 경험해볼 것이다. 분명히 경고했다.

초기 렌더링 단계

컴포넌트가 삶을 시작하고 DOM으로 가는 길을 걷는 중에는 다음과 같은 생명주기 메소드들이 호출된다(그림 11.4).

그림 11.4 초기 렌더링 단계의 생명주기 메소드들

앞서 콘솔에서 봤던 메시지에는 제대로 된 설명이 없었다. 따라서 이제 각 생명주기 메소드를 자세히 알아보자.

기본 속성 설정

컴포넌트의 defaultProps 속성은 this.props의 기본값을 지정할 수 있게 해준다. 예컨대 CounterParent 컴포넌트의 name 속성을 설정하려면 다음과 같이 하면 된다.

```
CounterParent.defaultProps = {
  name: "Iron Man"
};
```

이는 컴포넌트가 생성되기 전이나 부모로부터 속성이 전달될 때 실행된다.

기본 상태 설정

이 단계는 컴포넌트의 생성자 안에서 진행된다. 따라서 컴포넌트 생성 과정에서 this.state의 기본값을 지정할 수 있는 기회로 삼을 수 있다.

```
constructor(props) {
  super(props);

  console.log("constructor: Default state time!");

  this.state = {
    count: 0
  };

  this.increase = this.increase.bind(this);
}
```

보다시피 여기서는 state 객체를 정의했고, 그 count 속성을 0으로 초기화했다.

componentWillMount

컴포넌트가 DOM 안으로 렌더링되기 전에 호출되는 마지막 메소드다. 여기에는 중요한 사항이 하나 있는데, 이 메소드 안에서는 setState를 호출해도 컴포넌트가 다시 렌더링되지 않는다는 점이다.

render

아주 친숙한 메소드일 것이다. 모든 컴포넌트에 정의돼 있어야 하는 메소드이며, JSX를 리턴하는 책임을 진다. 렌더링이 필요 없다면 단순히 null이나 false를 리턴하면 된다.

componentDidMount

컴포넌트가 렌더링돼 DOM에 자리 잡은 직후 호출된다. 이 시점에서는 컴포넌트 생성이 완료됐는지 여부를 걱정할 필요 없이, 안심하고 DOM 쿼리 작업을 수행할 수 있다. 모든 준비를 마친 컴포넌트에만 의존하는 코드는 모두 이 메소드 안에 지정하면 된다.

render 메소드를 제외하면 지금까지의 모든 생명주기 메소드들은 한 번만 실행된다. 이는 이후 보게 될 메소드들과 다른 점이다.

업데이트 단계

일단 컴포넌트가 DOM 안으로 추가되면, 이후에 속성이나 상태가 변경될 때 업데이트되며 다시 렌더링된다. 미안하지만 이 과정에서 또 다른 생명주기 메소드들이 호출된다.

상태 변경 다루기

먼저 상태 변경에 대해 알아보자. 앞서 말했듯, 상태가 변경되면 컴포넌트는 render 메소드를 다시 호출한다. 그 컴포넌트의 결과에 의존하는 다른 모든 컴포넌트 역시 자신들의 render 메소드를 호출한다. 이는 화면에 보이는 컴포넌트가 항상 최신 버전임을 보장하게 된다. 그러나 이게 전부가 아니다.

그림 11.5는 상태가 변경됐을 때 호출되는 모든 생명주기 메소드를 보여준다.

그림 11.5 상태가 변경됐을 때 호출되는 생명주기 메소드들

이제 이들 생명주기 메소드가 하는 일을 알아보자.

shouldComponentUpdate

때로는 상태가 변경됐어도 컴포넌트의 업데이트를 바라지 않을 수 있다. 이 메소드는 그와 같은 업데이트 여부를 제어할 수 있게 해준다. 만약 true를 리턴하면 컴포넌트는 업데이트되고, false를 리턴하면 업데이트를 건너뛰게 된다.

혼란스럽게 들릴 수 있으므로 직접 다음 코드를 보자.

```
shouldComponentUpdate(newProps, newState) {
  console.log("shouldComponentUpdate: Should component update?");

  if (newState.count < 5) {
    console.log("shouldComponentUpdate: Component should update!");
    return true;
  } else {
    ReactDOM.unmountComponentAtNode(destination);
    console.log("shouldComponentUpdate: Component should not update!");
    return false;
  }
}
```

이 메소드는 newProps와 newState라는 두 인자를 받는다. 여기서는 상태 속성인 id의 값이 5보다 작은지 확인한다. 만약 그렇다면 true를 리턴해 컴포넌트가 업데이트돼야 함을 지시한다. id의 값이 5보다 작지 않다면 false를 리턴함으로써 컴포넌트 업데이트를 거부한다.

componentWillUpdate

이 메소드는 컴포넌트가 업데이트되기 직전에 호출된다. 크게 주목할 만한 건 없다. 다만 이 메소드 안에서는 this.setState를 사용해 상태를 변경할 수는 없다는 점만 기억하면 된다.

render

shouldComponentUpdate가 false를 리턴함으로써 업데이트 작업을 건너뛰지만 않는다면, render 메소드가 다시 호출됨으로써 컴포넌트가 올바로 보이게 보장한다.

componentDidUpdate

이 메소드는 컴포넌트가 업데이트되고 render 메소드의 실행이 끝난 후에 호출된다. 업데이트 후에 수행하고 싶은 코드가 있다면 이 메소드가 가장 알맞은 장소다.

속성 변경 다루기

컴포넌트가 업데이트되는 또 다른 경우는 DOM 안으로 렌더링된 후에 속성 값이 변경될 때다. 그림 11.6은 속성 변경 시 호출되는 생명주기 메소드들을 보여준다.

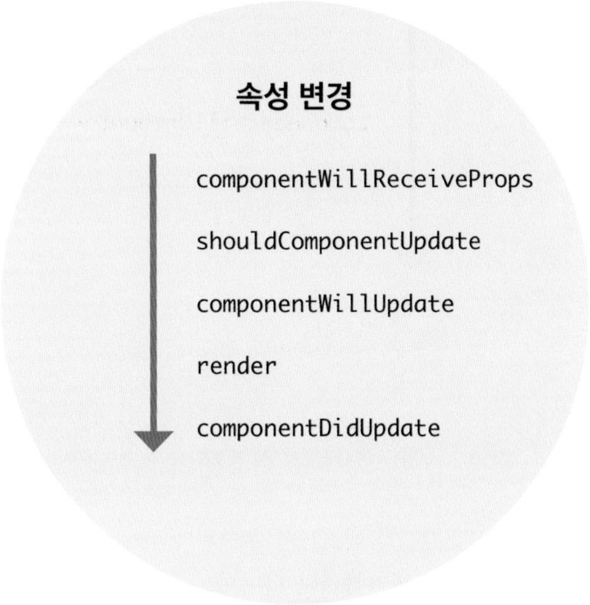

속성 변경

componentWillReceiveProps

shouldComponentUpdate

componentWillUpdate

render

componentDidUpdate

그림 11.6 컴포넌트의 속성 값이 변경될 때 호출되는 생명주기 메소드들

여기서 처음 보는 메소드는 componentWillReceiveProps뿐이다. 이 메소드는 하나의 인자를 받는데, 그 인자에는 새로 할당하고자 하는 속성 값이 포함된다.

그 외의 생명주기 메소드들은 앞서 다룬 상태 변경의 경우에서 이미 살펴봤으며, 속성 변경의 경우에도 동일한 역할을 하므로 다시 설명하지 않겠다.

언마운트 단계

마지막으로 살펴볼 단계는 컴포넌트가 소멸되고 DOM에서 제거되는 언마운트^{unmounting} 단계다(그림 11.7).

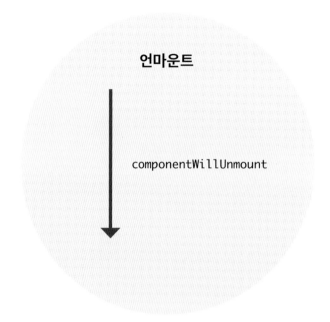

그림 11.7 컴포넌트가 소멸되고 DOM에서 제거될 때 호출되는 유일한 생명주기 메소드

이 단계에서는 오직 하나의 생명주기 메소드가 호출된다. 바로 componentWillUnmount다. 이 메소드에서 이벤트 리스너를 제거하거나 타이머를 중단시키는 등의 뒷정리를 할 수 있다. 이 메소드가 실행된 후에는 컴포넌트는 실제로 DOM으로부터 제거돼 우리와 작별하게 된다.

정리

컴포넌트는 매력적인 귀염둥이다. 겉으로 보기에는 대단할 게 없는 것 같다. 그러나 바다를 주제로 하는 다큐멘터리와 마찬가지로, 컴포넌트를 조금만 가까이 관찰하면 전혀 다른 새로운 세상이 보인다. 이미 봤듯 리액트는 꾸준히 컴포넌트를 주시하면서, 뭔가 흥미로운 일이 발생할 때마다 이를 알려준다. 이는 모두 11장에서 우리가 공부한 (지겹겠지만) 생명주기 메소드를 통해 가능한 일이다. 각 생명주기 메소드에 대해 익혔으므로 반드시 이를 편리하게 활용할 때가 올 것이다. 여기서 배운 모든 사항은 결코 하찮은 게 아니다. 만약 모든 생명주기 메소드를 외워 친구에게 설명할 수 있다면 그 친구는 감명을 받을 것이다. 다음에 친구를 만나면 꼭 그렇게 해보기 바란다.

노트: 무엇이든 물어보세요!

어떤 궁금증이 있거나 코드가 예상대로 잘 작동하지 않는다면 망설이지 말고 질문하기 바란다.

https://forum.kirupa.com에 질문을 올리면 인터넷상의 친절하고 똑똑한 사람들로부터 도움을 받을 수 있다!

12

DOM 엘리먼트 접근

언젠가는 HTML 엘리먼트의 속성이나 메소드에 직접 접근해야 할 일이 생길 것이다. 알다시피 리액트 세계에서는 JSX로 마크업에 대한 모든 표현이 가능하다. 그런데도 왜 지긋지긋한 HTML에 직접 접근하는 일이 필요한 것일까? 그 이유는 자바스크립트 DOM API를 통해 직접 HTML 엘리먼트를 다루는 일이 '리액트 방식'으로 할 때보다 더 쉬운 경우가 많기 때문이다. 한 가지 상황을 예로 들어보자. 그림 12.1은 컬러라이저^{Colorizer}라는 이름의 예제다.

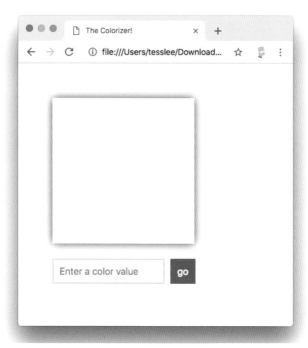

그림 12.1 컬러라이저 예제

이 예제는 https://www.kirupa.com/react/examples/colorizer.htm에 접속해도 볼 수 있다.

컬러라이저는 흰색의 정사각형을 원하는 컬러로 바꿔주는 예제다. 작동하는 모습을 보려면 텍스트 필드에 원하는 컬러 이름을 입력하고 go 버튼을 클릭하면 된다. 어떤 컬러가 좋을지 모르겠다면 일단 yellow를 입력해 테스트해보기 바란다. 그림 12.2와 같이 정사각형이 입력한 컬러로 바뀐 것을 볼 수 있다.

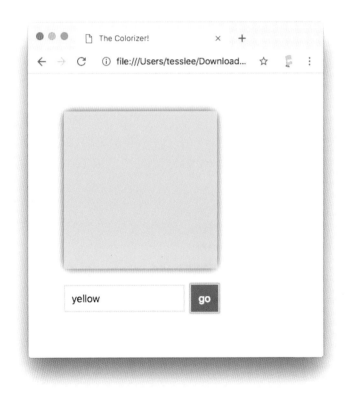

그림 12.2 노란색을 지정한 정사각형

컬러 값을 입력하면 정사각형의 컬러가 바뀐다는 사실은 멋지다. 허나 관심을 두고자 하는 건 그게 아니다. 버튼 앞에 있는 텍스트 필드를 주의 깊게 보기 바란다. 포커스는 버튼에 있는 상태이며 입력했던 컬러 값은 그대로 남아 있다. 다른 컬러를 입력하고 싶다면 텍스트 필드로 포커스를 옮기고 원래 있던 값을 지워야 한다. 이는 불필요한 일이며, 사용성 측면에서 개선이 필요한 부분이다.

그렇다면 컬러가 바뀐 후에 기존의 입력 값이 사라지고 포커스가 텍스트 필드에 있다면 어떨까? 즉, 예를 들어 purple을 입력하고 go 버튼을 누른 다음의 모습이 그림 12.3과 같다면 좋지 않을까?

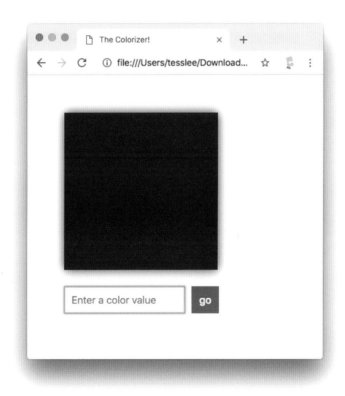

그림 12.3 다음 컬러를 입력받을 준비가 된 텍스트 필드

입력했던 purple은 지워지고 텍스트 필드에 포커스가 돼 있다. 이는 텍스트 필드와 버튼 사이에 포커스를 옮기고 기존 값을 지우는 작업을 하지 않고도, 즉시 새로운 컬러 값을 입력할 수 있게 해준다. 당연히 이게 훨씬 낫다.

이를 전형적인 리액트 기법과 JSX를 사용해서 구현하려면 매우 번거롭다. 여기서 군이 그 방법을 설명하지도 않겠다. 그 대신 자바스크립트 DOM API를 사용해 다양한 HTML 엘리먼트를 직접 다루는 방법이 훨씬 쉽다. 이를 위해 리액트는 HTML 엘리먼트에 대한 DOM API에 접근할 수 있게 하는, ref라는 도구를 제공한다. 또한 페이지 안의 어떤 HTML 엘리먼트든 렌더링할 수 있게 하는 포털portal이라는 기능도 제공한다.

컬러라이저 예제

ref와 포털을 설명하기 위해 컬러라이저 예제로 시작해보자. 시작하는 코드는 다음과 같다.

```
<!DOCTYPE html>
<html>

<head>
  <meta charset="utf-8">
  <title>The Colorizer!</title>
  <script src="https://unpkg.com/react@16/umd/react.development.js"></script>
  <script src="https://unpkg.com/react-dom@16/umd/react-dom.development.js">
</script>
  <script src="https://unpkg.com/babel-standalone@6.15.0/babel.min.js"></script>

  <style>
    #container {
      padding: 50px;
      background-color: #FFF;
    }

    .colorSquare {
      box-shadow: 0px 0px 25px 0px #333;
      width: 242px;
      height: 242px;
      margin-bottom: 15px;
```

```
      }

      .colorArea input {
        padding: 10px;
        font-size: 16px;
        border: 2px solid #CCC;
      }

      .colorArea button {
        padding: 10px;
        font-size: 16px;
        margin: 10px;
        background-color: #666;
        color: #FFF;
        border: 2px solid #666;
      }

      .colorArea button:hover {
        background-color: #111;
        border-color: #111;
        cursor: pointer;
      }
    </style>
  </head>

  <body>
    <div id="container"></div>
    <script type="text/babel">
      class Colorizer extends React.Component {
        constructor(props) {
          super(props);

          this.state = {
            color: "",
            bgColor: "white"
          };

          this.colorValue = this.colorValue.bind(this);
          this.setNewColor = this.setNewColor.bind(this);
        }
```

```
      colorValue(e) {
        this.setState({
          color: e.target.value
        });
      }

      setNewColor(e) {
        this.setState({
          bgColor: this.state.color
        });

        e.preventDefault();
      }

      render() {
        var squareStyle = {
          backgroundColor: this.state.bgColor
        };

        return (
          <div className="colorArea">
            <div style={squareStyle} className="colorSquare"></div>

            <form onSubmit={this.setNewColor}>
              <input onChange={this.colorValue}
                     placeholder="Enter a color value"></input>
              <button type="submit">go</button>
            </form>
          </div>
        );
      }
    }

  ReactDOM.render(
    <div>
      <Colorizer />
    </div>,
    document.querySelector("#container")
  );
</script>
```

```
</body>

</html>
```

코드를 잠시 살펴보고 우리 예제에 어떻게 적용시킬지 생각해보기 바란다. 지금 코드에서는 놀라울 게 전혀 없어야 한다. 코드에 대한 이해가 끝났다면, 이제 ref를 배워볼 차례다.

ref와의 첫 만남

지금쯤이면 아주 잘 알겠지만, 대부분의 경우 render 메소드 안에서 HTML을 닮은 JSX 코드를 작성해왔다. 이 JSX는 단순히 DOM이 어떻게 보여야 할지를 기술한다. 그러나 비록 HTML과 닮았다 하더라도 실제 HTML을 대변하는 것은 아니다. 이를 보완하기 위해 리액트는 DOM 안에서의 최종 HTML 엘리먼트와 JSX 사이를 연결해주는, ref(reference의 약자)라는 기능을 제공한다.

ref의 작동 원리는 약간 특이하다. 따라서 예제를 보는 것이 ref를 이해하는 가장 좋은 방법이다. 우리의 예제인 컬러라이저에 있는 render 메소드를 보자.

```
render( ) {
  var squareStyle = {
    backgroundColor: this.state.bgColor
  };

  return (
    <div className="colorArea">
      <div style={squareStyle} className="colorSquare"></div>

      <form onSubmit={this.setNewColor}>
        <input onChange={this.colorValue}
               placeholder="Enter a color value"></input>
        <button type="submit">go</button>
      </form>
    </div>
  );
}
```

이 render 메소드는 한 무더기의 JSX를 리턴하는데, 여기에는 컬러 값을 입력한 input 엘리먼트가 포함된다. 이제 자바스크립트를 사용해 API를 호출할 수 있게, input 엘리먼트의 DOM에 접근하는 작업을 해보자.

그렇게 하기 위해 다음과 같이 참조하려는 HTML 엘리먼트에 ref라는 속성을 설정할 수 있다.

```
render() {
  var squareStyle = {
    backgroundColor: this.state.bgColor
  };

  return (
    <div className="colorArea">
      <div style={squareStyle} className="colorSquare"></div>

      <form onSubmit={this.setNewColor}>
        <input onChange={this.colorValue}
               ref={}
               placeholder="Enter a color value"></input>
        <button type="submit">go</button>
      </form>
    </div>
  );
}
```

우리의 관심 대상은 input 엘리먼트이므로, 거기에 ref 속성을 추가했다. 현재 ref 속성 값은 비어 있다. 보통은 현재 컴포넌트가 마운트되면 자동으로 호출될 자바스크립트 콜백 함수를 ref 속성 값으로 설정한다. 만약 ref 속성 값으로 단순히 DOM 엘리먼트의 참조를 저장하는 자바스크립트 함수를 지정한다면, 그 모습은 다음과 같을 것이다.

```
render() {
  var squareStyle = {
    backgroundColor: this.state.bgColor
  };

  var self = this;
```

```
  return (
    <div className="colorArea">
      <div style={squareStyle} className="colorSquare"></div>

      <form onSubmit={this.setNewColor}>
        <input onChange={this.colorValue}
               ref={
                 function(el) {
                   self._input = el;
                 }
               }
               placeholder="Enter a color value"></input>
        <button type="submit">go</button>
      </form>
    </div>
  );
}
```

일단 이 컴포넌트가 마운트되면 그다음은 쉽다. 컴포넌트 안의 어디서든 self._input을 사용해 input 엘리먼트를 나타내는 HTML에 접근할 수 있으니 말이다. 코드가 어떻게 작동하는지 잠시 살펴보자. 그 뒤 전체 코드를 다시 볼 것이다.

먼저 다음 콜백 함수를 보자.

```
function(el) {
  self._input = el;
}
```

이 익명 함수는 컴포넌트가 마운트되면 호출되며, 최종 HTML DOM 엘리먼트에 대한 참조를 인자로 받는다. 여기서는 이 인자를 el이라고 했지만, 어떤 이름이든 상관없다. 이함수는 단순히 _input이라는 커스텀 속성에 DOM 엘리먼트의 값을 지정하는 일을 한다. 또한 컴포넌트에 _input 속성을 만들기 위해 self 변수를 사용해 클로저closure(내부 함수)를 만들었다. 여기서 this는 콜백 함수가 아닌 컴포넌트를 참조한다.

input 엘리먼트에 접근할 수 있게 됐으니 이제 해야 할 일에 초점을 맞추자. 일단 목표는 폼이 제출되면 input 엘리먼트의 콘텐츠를 지우고 포커스를 갖게 하는 것이다. 이를 위한 코드를 setNewColor 메소드에 넣기로 하고, 다음의 강조된 두 라인을 추가하자.

```
setNewColor(e) {
  this.setState({
    bgColor: this.state.color
  });

  this._input.focus();
  this._input.value = "";

  e.preventDefault();
}
```

this._input.value = ""를 호출함으로써 input 엘리먼트에 입력됐던 내용은 삭제될 것이다. 또한 this._input.focus()를 호출해 input 엘리먼트로 포커스가 가게 했다. ref와 관련된 작업은 이 두 라인이 전부다. JSX 안에서 정의했던 input 엘리먼트를 가리키는 this._input을 이용하면 되기 때문이다. 그다음엔 DOM API가 노출시켜준 value 속성과 focus 메소드를 호출하기만 하면 된다.

노트: 더욱 편리한 ES6의 화살표 함수

리액트를 배우는 것만으로도 힘들 것 같아서 이 책에서는 기본적으로 ES6의 기법을 언급하지 않고 있다. 그러나 사실 ref와 관련해 콜백 함수를 다룰 때 화살표 함수(arrow function)를 사용하면 작업이 좀 더 간편해질 수 있다. 이는 필자가 권장하는 ES6의 기법 중 하나다.

앞에서는 참조하려는 HTML 엘리먼트에 컴포넌트 속성을 할당할 때 다음과 같은 방식으로 했었다.

```
<input
  ref={
    function(el) {
      self._input = el;
    }
  }>
</input>
```

또한 self 변수를 this로 초기화해 컴포넌트에 _input 속성이 확실히 만들어지게 했었다. 불필요하게 복잡해 보이지만 말이다.

그런데 여기에 화살표 함수를 사용한다면 다음과 같이 코드를 깔끔하게 만들 수 있다.

```
<input
  ref={
    (el) => this._input = el
  }>
</input>
```

이전의 코드와 결과는 동일하다. 화살표 함수는 컨텍스트를 다루기 때문에 함수 안에서 this를 사용해 컴포넌트를 참조할 수 있게 됐다. 따라서 self와 같은 외부 변수를 만들 필요가 없어졌다!

포털 사용하기 ▰▰▰▰▰▰▰▰▰▰

알아둬야 할 DOM 관련 기법이 하나 더 있다. 지금까지는 단일 컴포넌트든 복수 컴포넌트의 조합이든 오직 JSX가 만드는 결과로서 HTML을 다뤘다. 이는 부모 컴포넌트가 강제하는 DOM 계층 구조로 제한된다는 의미다. 따라서 페이지의 다른 위치에 있는 DOM 엘리먼트에 임의로 접근하는 일은 불가능해 보인다. 그런데 과연 그럴까? 사실은 JSX를 부모 컴포넌트에게만 보내게 제한돼 있지 않으며, JSX를 페이지의 어느 곳으로든 DOM 엘리먼트로 렌더링시킬 수 있다. 이 신기한 마법이 바로 포털portal이라는 기능이다.

포털의 사용 방법은 ReactDOM.render 메소드와 매우 유사하다. 즉, 렌더링할 JSX를 지정하고, 렌더링해 보낼 대상 DOM 엘리먼트를 지정하면 된다.

실제로 작동하는 모습을 보기 위해 컬러라이저 예제로 돌아가자. 다음과 같이 container div 엘리먼트와 동등한 수준으로, 즉 형제sibling로서의 h1 엘리먼트를 추가하자.

```
<body>

    <h1 id="colorHeading">Colorizer</h1>

    <div id="container"></div>
    .
    .
    .
```

그다음엔 h1 엘리먼트를 꾸미기 위해 style 태그 안에 다음과 같은 스타일 규칙을 추가한다.

```
#colorHeading {
  padding: 0;
  margin: 50px;
  margin-bottom: -20px;
  font-family: sans-serif;
}
```

이제 추가한 HTML과 CSS가 예상대로 동작하는지 브라우저로 확인해보자(그림 12.4).

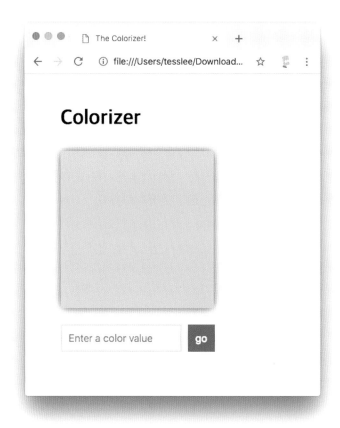

그림 12.4 현재 시점에서 예제의 모습

본격적으로 하고자 하는 일은 지금부터다. 현재 보여주고 있는 컬러의 이름으로 h1 엘리먼트의 값이 바뀌게 해보자. 핵심은 container div와 h1이 형제 엘리먼트라는 점이다.

이를 구현하기 위해 Colorizer 컴포넌트의 render 메소드로 돌아가 return 구문에 다음과 같이 추가하자.

```
return (
  <div className="colorArea">
    <div style={squareStyle} className="colorSquare"></div>

    <form onSubmit={this.setNewColor}>
```

```
        <input onChange={this.colorValue}
              ref={
                function(el) {
                  self._input = el;
                }
              }
              placeholder="Enter a color value"></input>
        <button type="submit">go</button>
      </form>
      <ColorLabel color={this.state.bgColor}/> </div>
    </div>
);
```

여기서는 ColorLabel이라는 컴포넌트를 인스턴스화했으며, state.bgColor 속성을 color 속성 값으로 설정했다. ColorLabel은 아직 만들지 않은 컴포넌트다. 따라서 ReactDOM. render를 호출하는 부분의 위에 다음 내용을 추가하자.

```
var heading = document.querySelector("#colorHeading");

class ColorLabel extends React.Component {
  render() {
    return ReactDOM.createPortal(
      ": " + this.props.color,
      heading
    );
  }
}
```

여기서는 h1 엘리먼트를 참조하기 위해 heading 변수를 만들어 사용하고 있다. 그런데 이건 이미 아는 내용이고, 새로운 내용은 ColorLabel 컴포넌트의 render 메소드에 있다. 좀 더 정확히는 return 구문을 봐야 한다. 바로 ReactDOM.createPortal()의 호출 결과를 리턴하는 부분 말이다.

```
class ColorLabel extends React.Component {
  render() {
    return ReactDOM.createPortal(
      ": " + this.props.color,
      heading
```

```
    );
  }
}
```

ReactDOM.createPortal( )은 두 개의 인자를 받는다. 첫째는 출력될 내용의 JSX이며, 둘째는 그 JSX를 출력시킬 대상 DOM 엘리먼트다. JSX의 내용은 단지 문자 하나와 속성으로부터의 컬러 값이 전부다.

```
class ColorLabel extends React.Component {
  render( ) {
    return ReactDOM.createPortal(
      ": " + this.props.color,
      heading
    );
  }
}
```

이 모든 내용을 출력시킬 DOM 엘리먼트는 heading 변수로 참조하는 h1 엘리먼트다.

```
class ColorLabel extends React.Component {
  render( ) {
    return ReactDOM.createPortal(
      ": " + this.props.color,
      heading
    );
  }
}
```

이제 브라우저에서 다시 테스트하면 input 엘리먼트에 입력한 컬러 이름이 제목에 나타나는 모습을 볼 수 있다(그림 12.5).

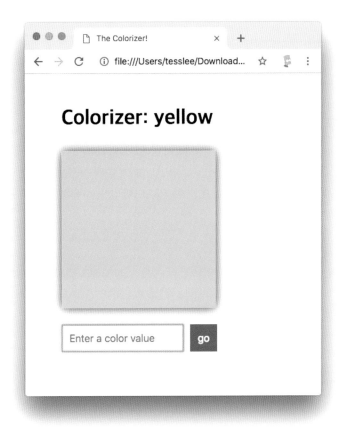

그림 12.5 이제 제목에 컬러 이름이 포함된다.

다시 한 번 강조할 사항은 h1 엘리먼트가 container div를 출력하는 앱의 범위 밖에 있다는 점이다. 즉, 포털을 사용함으로써 부모와 자식으로 이뤄진 기존 계층 구조에 갇히지 않고 페이지의 어느 엘리먼트든 직접 접근이 가능하게 된다는 얘기다.

정리

대부분의 경우엔 원하는 모든 작업을 JSX의 손이 닿는 범위 안에서 완수할 수 있다. 그러나 가끔은 리액트가 마련해준 방을 열고 밖으로 나가야 될 일도 있을 것이다. 비록 HTML 문서를 만드는 일이 전부인 경우라 할지라도, 리액트 앱은 문서 안에서 자급자족을 해야 하는 열대의 섬과도 같다. 모래사장 바로 밑에 있는 실제 HTML은 결코 볼 수 없다. 12장에서는 섬 안의 HTML과 섬 밖의 존재를 연결하기 위한 두 가지 기능을 공부했다. 바로 ref와 포털이다. ref를 사용하면 JSX의 뒤에 가려 있는 HTML에 접근할 수 있다. 포털을 사용하면 접근하고자 하는 DOM의 어느 엘리먼트에도 콘텐츠를 렌더링할 수 있다. 따라서 DOM에 대한 직접적인 작업이 필요할 때 이 두 방법을 사용하면 쉽게 해결할 수 있다.

> **노트: 무엇이든 물어보세요!**
>
> 어떤 궁금증이 있거나 코드가 예상대로 잘 작동하지 않는다면 망설이지 말고 질문하기 바란다.
>
> https://forum.kirupa.com에 질문을 올리면 인터넷상의 친절하고 똑똑한 사람들로부터 도움을 받을 수 있다!

13

리액트 개발 환경 구성

13장의 주제는 리액트 자체보다는 리액트 앱을 개발하기 위한 환경 구성에 관한 내용이다. 지금까지는 리액트 앱을 만들 때 다음과 같은 스크립트 파일들을 포함시켰다.

```
<script src="https://unpkg.com/react@16/umd/react.development.js"></script>
<script src="https://unpkg.com/react-dom@16/umd/react-dom.development.js">
</script>
<script src="https://unpkg.com/babel-standalone@6.15.0/babel.min.js"></script>
```

이 스크립트 구문으로 리액트 라이브러리뿐만 아니라 브라우저가 JSX를 만났을 때 해야할 일을 지시하는 바벨 라이브러리도 로딩된다(그림 13.1).

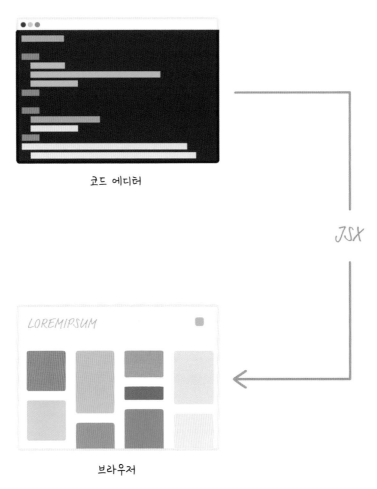

코드 에디터

JSX

브라우저

그림 13.1 브라우저 안의 JSX 변환기가 하는 일

이 방식을 다룰 때 언급했었지만, 문제는 성능이다. 브라우저는 본래의 임무인 페이지 로딩과 관련된 모든 작업에 더해, JSX를 실제 자바스크립트로 변환하는 역할도 해야 한다. JSX의 자바스크립트로의 변환은 시간이 필요한 작업이며, 개발 단계에서는 큰 문제가 아니다. 그러나 앱이 출시돼 모든 실사용자가 성능상의 불이익을 받아야 한다면 이는 큰 문제다.

이에 대한 해결 방법은 페이지가 로딩되기 전에 이미 JSX에서 JS로 변환돼 있게 개발 환경을 구성하는 것이다(그림 13.2).

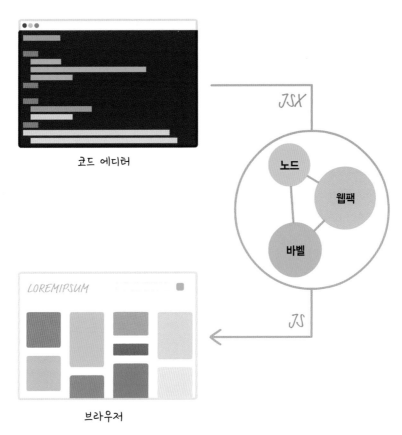

코드 에디터

브라우저

그림 13.2 JSX를 미리 변환하는 개발 환경 구성

이렇게 하면 브라우저는 이미 변환된, 게다가 최적화된 자바스크립트 파일을 사용하기만
하면 된다. 멋지지 않은가? 이제야 이 얘기를 하는 이유는 오직 하나, 단순성을 위해서였
다. 리액트를 배우는 일은 충분히 힘들다. 리액트를 배우는 과정의 일부로서 처음부터 복
잡한 빌드 툴이나 환경 구성을 포함시키는 방법은 좋지 않다고 생각했다. 그러나 이제는
그런 내용을 알아볼 때가 됐다. 지금쯤은 리액트의 작동 원리를 이미 확실히 이해하고 있
을 테니 말이다.

지금부터 노드Node, 바벨Babel, 웹팩webpack의 조합을 사용하는, 그런 개발 환경을 구성하는
단 한 가지 방법을 알아볼 것이다. 지금은 이게 무슨 말인지 몰라도 괜찮다. 그 모든 걸
식은 죽 먹기로 만들어 줄, 페이스북이 만든 훌륭한 해법을 사용할 것이기 때문이다.

Create React와의 첫 만남

몇 년 전만 해도 개발 환경 구성이란 앞서 언급했던 모든 툴들을 수작업으로 구성해야하는 고통스러운 작업이었다. 정말 똑똑한 친구에게 물어보기도 해야 하고 말이다. 심지어 리액트 프로그래밍을 하는 게 맞는지 의심마저 들었을 수도 있다. 그러나 다행히 Create React라는 프로젝트(https://github.com/facebook/create-react-app)는 리액트 개발 환경의 구성 과정을 매우 단순화시켰다. 단지 몇 개의 명령만 실행하면 올바르게 구성된 리액트 프로젝트가 자동으로 생성되기 때문이다.

시작하기 전에 먼저 노드가 설치돼 있는지 확인하고, 만약 그렇지 않다면 최신 버전을 설치하기 바란다(https://nodejs.org/). 그다음엔 명령창을 연다. 명령창에 친숙하지 않아도 걱정할 필요 없다. 윈도우라면 명령 프롬프트나 배시BASH 셸을 실행하면 된다. 맥 OSmacOS라면 터미널을 실행하면 된다. 아마 다음 그림과 같은 모습일 것이다.

기본적으로 커서가 깜박이고 있는 특이한 창이다. 처음으로 할 일은 Create React 프로젝트의 설치다. 다음과 같은 명령을 실행하자.

```
npm install -g create-react-app
```

설치 시간은 몇 초에서 몇 분까지 걸릴 수 있다. 일단 설치됐으면 리액트 프로젝트를 만들 수 있는 준비가 된 것이다. 이제 프로젝트를 만들고 싶은 위치로 이동하자. 그다음엔 다음과 같이 프로젝트 생성 명령을 실행한다.

```
create-react-app helloworld
```

아마 다음 그림과 같은 모습을 볼 수 있을 것이다.

명령이 완전히 실행되고 나면 helloworld라는 프로젝트가 생성된다. 프로젝트의 내용은 나중에 들여다볼 것이므로 뭐가 어떻게 진행됐는지 걱정하지 않아도 된다. 지금은 이 프로젝트를 테스트해 보는 일이 우선이다. 다음과 같이 helloworld 폴더 안으로 들어가자.

```
cd helloworld
```

이 폴더 안에서 다음과 같은 명령으로 앱을 테스트한다.

```
npm start
```

만약 Create React가 npm보다 더 선호하는 얀Yarn이 이미 설치돼 있다면 npm start 대신 yarn start를 권유하는 메시지가 뜰 수도 있다.

프로젝트가 빌드되고 로컬 웹 서버가 구동됨으로써, 다음과 같이 프로젝트가 실행된 모습을 볼 수 있다.

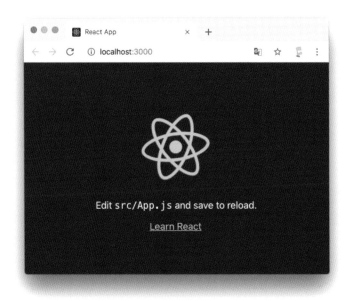

아무런 문제가 발생하지 않았다면 위와 같은 화면을 볼 수 있어야 한다. 처음으로 명령어를 사용해 리액트 프로젝트를 만든 것이라면 축하한다! 이는 정말 큰 도약이기 때문이다. 물론 아직 끝나시는 않았다. 이제 몇 걸음 물러서서 정확히 무슨 일이 벌어졌는지 살펴보자.

무슨 일이 벌어졌나?

지금 당장 create-react-app 명령이 원래 생성하는 콘텐츠 자체에 관해 공부할 수도 있다. 그러나 그렇게 하는 게 큰 도움은 안 된다. 그보다는 실제로 생성된 파일들이 무엇인지 살펴보는 게 낫다. create-react-app helloworld를 실행한 후의 파일과 폴더 구조는 그림 13.3과 같을 것이다.

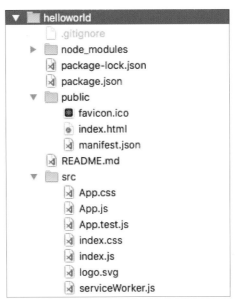

그림 13.3 생성된 파일과 폴더 구조

브라우저에 로딩됐던 파일은 바로 public 폴더 안의 index.html이다. 이 파일의 내용을 들여다보면 아주 기초적임을 알 수 있다. 다음은 주석을 제거한 index.html의 내용이다.

```
<!DOCTYPE html>
<html lang="en">
  <head>
    <meta charset="utf-8">
    <meta name="viewport" content="width=device-width, initial-scale=1,
      shrink-to-fit=no">
    <meta name="theme-color" content="#000000">


    <link rel="manifest" href="%PUBLIC_URL%/manifest.json">
    <link rel="shortcut icon" href="%PUBLIC_URL%/favicon.ico">

    <title>React App</title>
  </head>
  <body>
    <noscript>
      You need to enable JavaScript to run this app.
```

```
    </noscript>

    <div id="root"></div>

  </body>
</html>
```

중요한 부분은 root라는 값의 id를 가진 div 엘리먼트다. 리액트 앱이 최종적으로 콘텐츠를 출력시키는 장소이기 때문이다. 한편 모든 JSX를 포함한 리액트 앱의 콘텐츠는 src 폴더 안에 있으며, 그중 시작점은 index.js다.

```
import React from 'react';
import ReactDOM from 'react-dom';
import './index.css';
import App from './App';
import * as serviceWorker from './serviceWorker';

ReactDOM.render(<App />, document.getElementById('root'));
serviceWorker.unregister();
```

index.html 안의 root 엘리먼트를 찾아오는 ReactDOM.render를 주목하자. 또한 그 위에는 한 무더기의 import 구문들이 있다. import 구문은 자바스크립트 안에서 일종의 모듈^{module}로 취급된다. 모듈이란 앱의 기능을 분리한 작은 조각이다. 따라서 전체를 가져올 필요 없이 꼭 필요한 조각만 가져와 사용할 수 있다. 어떤 모듈은 우리 프로젝트 코드의 일부이며, React나 ReactDOM과 같은 다른 어떤 모듈은 프로젝트 외부에 존재한다. 모듈의 로딩과 관련한 많은 내용이 있지만, 정신 건강을 위해 지금은 여기까지만 하자.

코드를 보면 React와 React-DOM 라이브러리를 임포트하고 있다. 이는 이전부터 스크립트 태그에서 봐왔으므로 친근할 것이다. 그다음엔 CSS 파일을 임포트하며, 리액트 컴포넌트에 대한 App이라는 이름의 참조와 serviceWorker라는 참조도 임포트하고 있다.

이제 다음 정거장은 App 컴포넌트다. App.js를 열어 그 내용을 살펴보자.

```
import React, { Component } from 'react';
import logo from './logo.svg';
import './App.css';

class App extends Component {
```

```
  render() {
    return (
      <div className="App">
        <header className="App-header">
          <img src={logo} className="App-logo" alt="logo" />
          <p>
            Edit <code>src/App.js</code> and save to reload.
          </p>
          <a
            className="App-link"
            href="https://reactjs.org"
            target="_blank"
            rel="nooperner noreferrer"
          >
            Learn React
          </a>
        </header>
      </div>
    );
  }
}

export default App;
```

App.js 파일에서도 당연히 필요할 것으로 보이는 React와 Component를 임포트하고 있다. 또한 페이지 작동에 필요한 이미지 하나와 CSS 파일 하나도 임포트한다. 흥미로운 건 export default App이라는 마지막 라인인데, export라는 명령 다음에 모듈 식별을 위한 프로젝트 이름을 지정했다. 이는 index.js와 같은 다른 파일에서 App 모듈을 임포트할 때 사용될 이름이다.

우리는 지금 새로운 키워드들을 사용해 코드를 구성하는, 이전과는 사뭇 다른 방식을 봤다. 그 모든 목적이 뭘까? 그와 같은 모듈, import 구문, export 구문은 앱 코드의 더 나은 관리를 위한 세부 항목들이다. 하나의 거대한 파일에 모든 내용을 집어넣는 게 아니라, 연관된 코드와 자산끼리 분리하여 여러 파일로 나눈 것이다. 어떤 파일을 참조할 것인지, 어떤 파일을 다른 파일보다 먼저 로딩시켜야 하는지에 따라 신비로운 빌드 작업(현재로서는 npm start로 시작시키는)이 다양한 방식으로 최적화시킨 최종 결과물을 만들게 될 것이다. 우리가 신경 쓸 필요 없이 말이다.

여기서 중요한 점은 그와 같은 코드에 대한 어떤 작업도 최종 앱의 기능에 영향을 주지 않는다는 사실이다. 테스트를 할 준비가 된 상황에서는 무대 뒤에서 빌드가 진행되기 때문이다. 그런 빌드 과정은 임포트하는 모든 파일과 컴포넌트가 브라우저가 감당할 수 있는 조합된 파일들로 만들어준다. 즉, 최종적으로는 관련된 조각들이 합쳐진 하나의 JS 파일이 만들어진다.

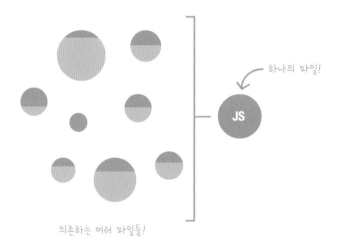

CSS의 경우도 마찬가지다. 무엇을 설정했는지에 따라 HTML과 그 밖의 것들이 조합된 하나의 CSS 파일을 얻을 수 있다. 그 모든 사항은 브라우저가 무엇을 해야 하는지 즉시 알 수 있는 형태로 만들어진다. 이전에는 JSX의 변환 작업 등이 있었지만, 이제는 브라우저가 추가로 해야 할 일이 없다. 모든 결과물이 평범한 순수 HTML, CSS, 자바스크립트로 돼 있기 때문이다.

HelloWorld 앱 개발

이제 이 프로젝트로 할 수 있는 더 나은 아이디어를 얻었을 테니 우리 예제를 만져보자. 여기서 하고 싶은 건 화면에 Hello, world!를 보여주는 일이다. 먼저 HelloWorld라는 적절한 이름의 컴포넌트를 만드는 것으로 시작하자. 이 작업에서 새로운 부분은 텍스트를 화면에 보여주는 기능이 아니다. 우린 아직 프로가 아니니 말이다. 지금 중점을 둬야 할 부분은 앱을 제대로 된 방식으로 만들기 위해 어떻게 프로젝트의 파일 구조를 만들 것인지에 관한 일이다.

먼저 src 디렉터리로 가서 모든 파일을 삭제하기 바란다. 그다음엔 index.js라는 파일을 만들자. 그리고 이 파일에 다음과 같은 내용을 추가한다.

```
import React from "react";
import ReactDOM from "react-dom";
import HelloWorld from "./HelloWorld";

ReactDOM.render(
  <HelloWorld/>,
  document.getElementById("root")
);
```

보다시피 React와 ReactDOM 모듈을 임포트했다. 또한 ReactDOM.render에서 호출할 HelloWorld라는 컴포넌트도 임포트했다. 물론 HelloWorld는 지금 존재하지 않지만 곧 만들 예정이다.

현재 위치인 src 디렉터리에서 HelloWorld.js라는 파일을 만들자. 그리고 다음과 같은 내용을 추가한다.

```
import React, { Component } from "react";

class HelloWorld extends Component {
  render() {
    return (
      <div className="helloContainer">
        <h1>Hello, world!</h1>
      </div>
    );
  }
}

export default HelloWorld;
```

잠시 추가한 코드를 살펴보자. 여기에 뭔가 흥미로운 내용은 없다. 단지 지겨운 import 구문, 화면에 어떤 텍스트를 출력할 HelloWorld 컴포넌트, 그리고 마지막 라인에 있는 HelloWorld 익스포트 구문을 볼 수 있다. 물론 마지막 익스포트 구문은 index.js 등과 같은 다른 모듈이 임포트할 수 있게 하기 위함이다.

여기까지 만들었으면 테스트가 가능하다. 모든 사항을 저장했는지 확인하기 바란다. 이제 npm start 명령을 다시 실행해보자. 만약 이전 앱이 이미 실행된 상황이라면 자동으로 변경 사항이 반영될 것이다. 그렇지 않다면 Ctrl+C를 눌러 세션을 중단하고 npm start를 다시 실행해보기 바란다.

그러면 다음 그림과 같은 모습을 볼 수 있을 것이다.

위와 같은 모습을 확인했다면 지금까지 잘한 것이다. 그러나 예제가 작동은 하지만 너무 밋밋하다. 따라서 이제 CSS를 추가해보자. index.css라는 파일을 만들고 다음과 같은 스타일 규칙을 추가한다.

```
body {
  display: flex;
  align-items:
  center; justify-content:
  center; min-height: 100vh;
  margin: 0;
}
```

이런 방식으로 앱을 만들 때에는 먼저 스타일시트를 작성하고, 자바스크립트에서 그 CSS를 참조해야 한다. 그럼 index.js 파일을 열어 다음 강조된 import 구문을 추가하자.

```
import React from "react";
import ReactDOM from "react-dom";
import HelloWorld from "./HelloWorld";
import "./index.css";

ReactDOM.render(
  <HelloWorld/>,
  document.getElementById("root")
);
```

브라우저로 돌아가보면 마지막 변경 사항이 자동으로 반영됐을 것이다. 이제 Hello, world!는 가로와 세로 기준으로 중앙에 위치하게 된다. 지금도 나쁘진 않지만 좀 더 개선해보자.

마지막으로 할 일은 텍스트를 멋지게 만들어보는 것이다. 물론 index.css에 적절한 스타일 규칙을 추가해도 되지만, 더 나은 방법은 HelloWorld 컴포넌트만을 위한 새 CSS를 만드는 것이다. 최종 결과는 같겠지만 관련된 파일을 그룹화하는 것이 더 실력 있는 개발자가 하는 방식이다.

그럼 css 폴더에 HelloWorld.css라는 이름의 파일을 만들고 다음과 같은 스타일 규칙을 추가하자.

```
h1 {
  font-family: sans-serif;
  font-size: 56px;
  padding: 5px;
  padding-left: 15px;
  padding-right: 15px;
  margin: 0;
  background: linear-gradient(to bottom,
                              white 0%,
                              white 62%,
                              gold 62%,
                              gold 100%);
}
```

남은 일은 HelloWorld.js 파일에서 이 스타일시트를 참조하는 것이다. HelloWorld.js 파일을 열어 다음 강조된 import 구문을 추가하자.

```
import React, { Component } from "react";
import "./HelloWorld.css";

class HelloWorld extends Component {
  render() {
    return (
      <div className="helloContainer">
        <h1>Hello, world!</h1>
      </div>
    );
  }
}

export default HelloWorld;
```

이제 브라우저로 돌아가 확인하면 다음 그림과 같이 모든 사항이 제대로 작동함을 알 수 있다.

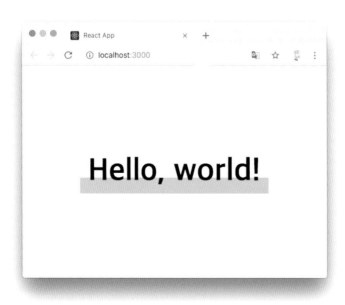

여전히 Hello, world!이지만, 이번에는 불과 몇 분전에 비하면 소위 쌈박한 버전을 볼
수 있다.

운영 버전 빌드하기

거의 다 왔다. 이제 해야 할 일이 하나 남았다. 우리는 지금까지 개발 모드에서 앱을 빌드
해왔다. 개발 모드에서는 코드의 최소화도 하지 않았고, 쉬운 디버그를 위해 여러 장황한
설정하에서 작업했다. 그러나 앱을 실제 사용자에게 공개하려면 더 빠르면서도 가장 작
게 만들기 위한 해법이 필요하다. 이를 위해 다시 터미널로 돌아가 Ctrl+C를 눌러 현재 세
션을 중단시키고 다음과 같은 명령을 실행하자.

npm run build

이 스크립트는 약간의 시간을 들여 최적화된 파일 세트를 생성시킨다. 실행이 완료되면
다음 그림과 같은 확정 메시지를 볼 수 있을 것이다.

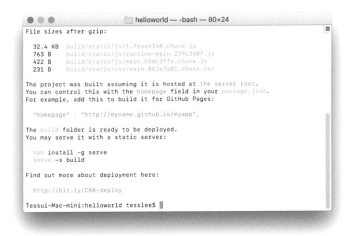

빌드가 완료되면 서버에 배포하거나 또는 serve라는 노드 패키지를 사용해 로컬에서 테
스트할 수 있다는 안내를 볼 수 있다.

정리

결국 해냈다! 앞서 우리는 Create React라는 놀라운 도구를 사용해 최신의 방법으로 리액트 앱을 제작했다. 그런 방식으로 앱 빌드를 처음 해봤다면 좀 더 익숙해질 필요가 있다. 앞으로의 리액트 예제에서도 `create-react-app` 명령을 계속 사용할 것이기 때문이다. 그 이전에 했던 방식은 오로지 리액트의 기본을 배우기 위해 사용했던 접근 방법일 뿐이었다. Create React는 노드, 바벨, 웹팩, 그 밖의 컴포넌트들을 다뤄야 하는 엄청난 복잡함을 숨겨준다. 이는 Create React의 가장 강력한 동시에 가장 약한 부분이다.

Create React가 제공하는 사항을 넘어서서 알고 싶다면, 사실 그 물밑에 있는 복잡함을 봐야 하기 때문이다. 그러나 그 모든 내용을 다루는 일은 이 책의 범위를 벗어난다. 참고로 그 정도로 파고들고 싶다면 node_modules/react_scripts/scripts 경로에 있는 여러 JS 파일들에 무엇이 지정돼 있는지 살펴보는 일로 시작하면 좋다.

> **노트: 무엇이든 물어보세요!**
>
> 어떤 궁금증이 있거나 코드가 예상대로 잘 작동하지 않는다면 망설이지 말고 질문하기 바란다.
>
> https://forum.kirupa.com에 질문을 올리면 인터넷상의 친절하고 똑똑한 사람들로부터 도움을 받을 수 있다!

외부 데이터 사용

오늘날 웹앱에서 외부 데이터를 다루는 방식은 상당히 표준화됐으며, 보통은 다음과 같은 순서를 따른다.

1. 앱이 원격 서비스에게 데이터를 요청한다.

2. 원격 서비스는 요청을 수신하고 요청된 데이터를 돌려보낸다.

3. 앱이 그 데이터를 받는다.

4. 앱은 받은 데이터를 가공해 사용자에게 보여준다.

페이스북, 아마존, 트위터, 인스타그램, 지메일, 키루파(필자의 웹사이트) 등 거의 모든 웹
사이트는 위와 같은 네 단계를 수행한다. 어떤 사이트든 처음 들어가면 페이지를 로딩하
고 첫 데이터를 화면에 보여줄 것이다.

보통의 경우 첫 페이지의 데이터 용량을 작게 유지하기 위해 한 번에 전체를 다운로드하지는 않는다. 페이지가 완전히 초기 로딩되거나 사용자가 상호작용을 시작한 다음에야 추가로 필요한 데이터를 서버로부터 다운로드해 보여준다.

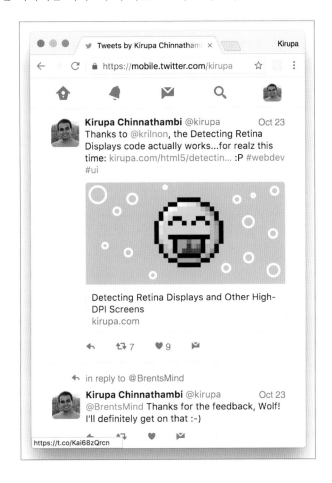

이는 페이지를 리프레시해야 하거나, 또는 현재 상태를 잃지 않아도 가능한 일이다. 앞서 본 네 단계를 자바스크립트가 대수롭지 않게 처리해주기 때문이다. 14장에서는 그에 필요한 자바스크립트의 모든 것과 리액트 앱 내부에서 작동하게 하는 모든 방법을 배운다.

14장 마지막에는 https://www.kirupa.com/react/examples/ipaddress.htm에서 볼 수 있는 것과 동일한 리액트 앱이 완성될 것이다.

여기서는 사용자의 IP 주소를 보여준다. 그리고 그게 전부다. 아주 어려운 예제는 아니지만 리액트 앱 안에서 외부 데이터를 다루는 방법을 설명하기에 충분한 만큼의 복잡성과 상세함을 갖고 있다.

그럼 시작하자!

웹 요청에 관한 기초

너무 잘 알고 있겠지만 인터넷은 서로 연결된 엄청난 수의 컴퓨터, 즉 서버들로 이뤄진다. 웹 서핑이나 웹 페이지 내비게이션은 사실상 브라우저에게 서버로 요청 정보를 보내라는 지시와도 같다. 브라우저는 요청을 전송하고, 잠시 후에 서버로부터 응답을 받으며, 남은 일을 처리한다. 이 모든 통신 과정은 HTTP라는 프로토콜 때문에 가능한 일이다.

HTTP는 브라우저, 또는 그런 종류의 클라이언트와 인터넷의 서버가 통신할 수 있는 공통의 언어를 제공한다. 사용자를 대신해 브라우저가 HTTP는 사용해 만드는 요청을 HTTP 요청^{HTTP request}이라고 하며, 그 요청은 새 페이지가 로딩될 때까지 유지된다. HTTP 요청의 결과로 받은 데이터로 기존 페이지를 갱신하는, 일반적이지만 흥미로운 사용 사례들이 있다.

예를 들어 현재 로그인한 사용자의 일부 정보를 보여주는 페이지가 있다고 하자. 그 정보는 페이지에 처음부터 있던 데이터가 아니므로 브라우저는 그 정보에 대해 요청을 해야 한다. 서버는 그 요청에 대한 응답으로서 데이터를 돌려줄 것이며 이를 이용해 페이지를 갱신할 수 있게 된다. 조금 추상적으로 들릴 수 있으니 잠시 이 예제의 실제 HTTP 요청과 응답을 살펴보자.

다음은 사용자 정보를 얻기 위한 HTTP 요청이다.

```
GET /user
Accept: application/json
```

위 요청에 대한 서버의 응답은 다음과 같다.

```
200 OK
Content-Type: application/json

{
  "name": "Kirupa",
  "url": "http:https://www.kirupa.com"
}
```

이렇게 오고 가는 일이 매우 여러 번 일어나는데, 자바스크립트에서 완전히 지원한다. 이렇게 페이지를 다시 로딩하지 않고도 비동기식 요청과 데이터 처리를 수행하는 기술을 에이젝스^{Ajax}라고 하며, 이는 비동기식 자바스크립트와 XML^{Asynchronous JavaScript and XML}의 줄임말이다. 한창 인기 있던 트위터, 페이스북, 구글 지도^{Google Maps}, 지메일 등과 같은 웹 앱이 페이지 전체를 다시 로딩하지 않고도 지속적으로 데이터를 가져올 수 있다는 점을 설명하기 위해, 수년 전에 에이젝스라는 말은 웹 분야에서 일종의 유행어였다.

자바스크립트에서 HTTP 요청을 보내거나 받는 책임을 지는 객체는 기묘한 이름의 XMLHttpRequest다. 이 객체는 웹 요청을 만듦에 있어 중요한 여러 작업을 한다.

1. 서버로 요청을 전송한다.

2. 요청의 상태를 확인한다.

3. 응답을 수신하고 파싱한다.

4. 요청의 상태와 상호작용할 수 있게 하는, readystatechange라는 이벤트를 리스닝한다.

이 밖에도 XMLHttpRequest가 하는 일이 더 있지만, 당장은 중요하지 않으므로 넘어가자.

> **노트: 서드파티 라이브러리는 어떨까?**
>
> XMLHttpRequest 객체의 사용법을 단순화시킨 서드파티 라이브러리가 여럿 존재한다. 원한다면 사용해도 좋다. 그러나 XMLHttpRequest 객체를 직접 사용하는 방법도 별로 어렵지 않다. 기껏해야 몇 라인밖에 되지 않을뿐더러 지금까지 배운 리액트와 관련된 모든 사항에 비해 아마 가장 쉬운 내용일 것이기 때문이다.

이제 리액트 시간!

HTTP 요청과 XMLHttpRequest 객체의 작동 원리를 충분히 이해했으니, 이제 리액트 쪽으로 관심을 돌려보자. 그러나 미리 말하지만, 외부 데이터를 다루는 일과 관련해 리액트에서 논의할 사항은 그리 많지 않다. 리액트의 주안점은 프레젠테이션 레이어(MVC에서의 'V')이기 때문이다. 지금부터는 웹 요청을 다루는 것이 주 목적인 리액트 컴포넌트의 내부에 평범한 자바스크립트를 작성해볼 것이다. 나중에는 앱 설계에 대한 논의도 조금할 예정이다. 지금은 먼저 예제를 만들고 작동부터 시켜보자.

시작하기

첫 단계는 새 리액트 앱을 생성시키는 일이다. 터미널에서 새 프로젝트가 생성될 위치로 이동하고, 다음과 같이 명령을 실행하자.

```
create-react-app ipaddress
```

잠시 기다리면 새로운 리액트 프로젝트가 만들어질 것이다. 깨끗하게 처음부터 시작하려면 지워야 할 것들이 있다. 먼저 public 폴더 안에 있는 모든 파일을 삭제하자. 그다음엔 src 폴더 안의 모든 파일도 삭제한다. 걱정할 필요 없다. 잠시 후면 HTML 파일부터 시작해 우리가 만들 콘텐츠들로 채워질 것이기 때문이다.

이제 public 폴더 안에 index.html이라는 새 파일을 만들고 그 안에 다음과 같은 내용을 작성하자.

```
<!DOCTYPE html>
<html>

<head>
  <title>IP Address</title>
</head>

<body>
  <div id="container">

  </div>
</body>

</html>
```

여기서는 container라는 이름의 div 엘리먼트를 만든 게 전부다. 그다음엔 src 폴더로 이동해 index.js라는 새 파일을 만들자. 그 파일에는 다음과 같은 내용을 작성한다.

```
import React from "react";
import ReactDOM from "react-dom";
import "./index.css";
import IPAddressContainer from "./IPAddressContainer";
```

```
var destination = document.querySelector("#container");

ReactDOM.render(
  <div>
    <IPAddressContainer/>
  </div>,
  destination
);
```

이 스크립트는 앱의 진입점이며 React, ReactDOM, CSS 파일, IPAddressContainer 컴포넌트를 표준적인 방법으로 참조한다. 또한 조금 전에 HTML에서 정의했던 container div 엘리먼트에 콘텐츠를 보여줄 책임이 있는 ReactDOM.render 호출부도 작성했다.

정말 재미있는 부분으로 진행하기 전에 해야 할 일 하나가 있다. src 폴더 안에 index.css 파일을 만들고 다음과 같은 스타일 규칙을 추가하자.

```
body {
  background-color: #FFCC00;
}
```

작성한 모든 사항은 반드시 저장하기 바란다. 이제 시작점이 되는 앱이 준비됐다. 다음 절에서는 이 앱을 실제로 유용하게, 또는 가급적 그와 같은 수준으로 만들 것이다.

IP 주소 가져오기

다음에 할 일은 웹 서비스로부터 IP 주소를 가져올 컴포넌트를 만드는 일이다. 가져온 IP 주소는 상태에 저장할 것이며, IP 주소가 필요한 어떤 컴포넌트에게든 그 상태를 속성을 통해 공유할 것이다. src 폴더 안에 IPAddressContainer.js라는 파일을 만들고 다음과 같은 내용을 추가하자.

```
import React, { Component } from "react";

class IPAddressContainer extends Component {
  render() {
    return (
      <p>Nothing yet!</p>
```

```
    );
  }
}

export default IPAddressContainer;
```

별로 대단할 게 없는 내용이다. 단지 Nothing yet!이라는 텍스트를 화면에 출력할 뿐이
다. 그럼 HTTP 요청을 만들기 위해 다음과 같이 코드를 수정하자.

```
var xhr;

class IPAddressContainer extends Component {
  constructor(props) {
    super(props);

    this.state = {
      ip_address: "..."
    };

    this.processRequest = this.processRequest.bind(this);
  }

  componentDidMount() {
    xhr = new XMLHttpRequest();
    xhr.open("GET", "https://ipinfo.io/json", true);
    xhr.send();

    xhr.addEventListener("readystatechange", this.processRequest, false);
  }

  processRequest() {
    if (xhr.readyState === 4 && xhr.status === 200) {
      var response = JSON.parse(xhr.responseText);

      this.setState({
        ip_address: response.ip
      });
    }
  }
```

```
  render() {
    return (
      <div>Nothing yet!</div>
    );
  }
};
```

이제 웬만큼 왔다. 이 컴포넌트는 제 역할을 할 수 있게 됐으며, componentDidMount라는 생명주기 메소드가 호출되면 HTTP 요청이 만들어져 ipinfo.io라는 웹 서비스에 전송된다.

```
  .
  .
  .
componentDidMount() {
  xhr = new XMLHttpRequest();
  xhr.open("GET", "https://ipinfo.io/json", true);
  xhr.send();

  xhr.addEventListener("readystatechange", this.processRequest, false);
}
  .
  .
  .
```

ipinfo 서비스의 응답이 왔다면 processRequest 함수를 호출해 결과를 처리하면 된다.

```
  .
  .
  .
processRequest() {
  if (xhr.readyState === 4 && xhr.status === 200) {
    var response = JSON.parse(xhr.responseText);

    this.setState({
      ip_address: response.ip
    });
  }
}
```

.

.

.

그다음엔 상태에 저장된 IP 주소를 참조하게 render 메소드를 수정한다.

```
var xhr;

class IPAddressContainer extends Component {
  constructor(props) {
    super(props);

    this.state = {
      ip_address: "..."
    };

    this.processRequest = this.processRequest.bind(this);
  }

  componentDidMount() {
    xhr = new XMLHttpRequest();
    xhr.open("GET", "https://ipinfo.io/json", true);
    xhr.send();

    xhr.addEventListener("readystatechange", this.processRequest, false);
  }

  processRequest() {
    if (xhr.readyState === 4 && xhr.status === 200) {
      var response = JSON.parse(xhr.responseText);

      this.setState({
      ip_address: response.ip
      });
    }
  }

  render() {
    return (
```

```
      <div>{this.state.ip_address}</div>
    );
  }
};
```

이제 이 앱을 브라우저에서 확인하면 IP 주소가 화면에 보여야 한다. 혹시나 해서 다시 말하자면 ipaddress 폴더로 들어가 npm start 명령을 실행해야 한다. 앱이 실행되면 다음 그림과 같은 모습일 것이다.

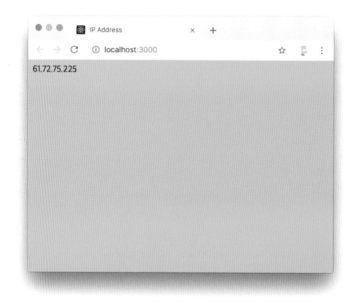

현재로서는 그다지 예쁘지 않으니 이제 비주얼을 손보기 시작하자.

흥미로운 비주얼 만들기

어려운 부분은 다 지났다. HTTP 요청을 다루는 컴포넌트를 만들었으며 정상적으로 IP 주소를 가져오는 것까지 확인했으니 말이다. 이제 출력되는 모습을 조금 변경해 평범함을 탈피해보자.

이를 위해 IPAddressContainer 컴포넌트의 render 메소드에 HTML 엘리먼트와 스타일
관련 내용을 추가하는 방법을 사용하지는 않을 것이다. 그 대신 오직 스타일만을 위한 별
도의 컴포넌트를 만들 것이다.

그럼 src 폴더 안에 IPAddress.js라는 새 파일을 만들고 다음과 같은 내용을 작성하자.

```
import React, { Component } from "react";

class IPAddress extends Component {
  render() {
    return (
      <div>
        Blah!
      </div>
    );
  }
}

export default IPAddress;
```

여기서는 IP 주소를 원하는 모습으로 만들고 추가로 텍스트를 보여줄 IPAddress라는 새
컴포넌트를 만들었다. 지금은 별 게 없지만 곧바로 변경 작업을 해볼 것이다.

먼저 이 컴포넌트의 render 메소드를 다음과 같이 수정하자.

```
class IPAddress extends Component {
  render() {
    return (
      <div>
        <h1>{this.props.ip}</h1>
        <p>( This is your IP address...probably :P )</p>
      </div>
    );
  }
}

export default IPAddress;
```

강조 표시된 라인은 그 자체로 설명이 될 정도의 쉬운 내용이다. h1 태그 안의 ip라는 속성에 IP 주소를 넣으며, p 태그를 사용해 추가로 텍스트를 보여준다. 좀 더 시맨틱한 HTML이 될 뿐만 아니라 스타일을 적용하기 좋게 됐다.

스타일 적용을 위해 src 폴더에 IPAddress.css라는 파일을 만들고 다음과 같은 스타일 규칙을 추가하자.

```css
h1 {
  font-family: sans-serif;
  text-align: center;
  padding-top: 140px;
  font-size: 60px; margin: -15px;
}
p{
  font-family: sans-serif;
  color: #907400;
  text-align: center;
}
```

이 CSS 파일을 참조하기 위해 다음 강조된 라인을 IPAddress.js에 추가하자.

```jsx
import React, { Component } from "react";
import "./IPAddress.css";

class IPAddress extends Component {
  render() {
    return (
      <div>
        <h1>{this.props.ip}</h1>
        <p>( This is your IP address...probably :P )</p>
      </div>
    );
  }
}

export default IPAddress;
```

이제 남은 건 IPAddress 컴포넌트를 사용해 IP 주소를 전달하는 일뿐이다. 먼저 IPAddressContainer 컴포넌트가 IPAddress 컴포넌트를 참조할 수 있어야 한다. 따라서 IPAddressContainer.js의 상단에 다음과 같이 추가하자.

```
import React, { Component } from "react";
import IPAddress from "./IPAddress";
  .
  .
  .
```

그다음엔 render 메소드를 다음과 같이 수정한다.

```
class IPAddressContainer extends Component {
  .
  .
  .
  render() {
    return (
      <IPAddress ip={this.state.ip_address}/>
    );
  }
}
```

보다시피 ip라는 속성을 정의하고 여기에 ip_address라는 상태 변수를 설정해 IPAddress 컴포넌트를 호출한다. 이렇게 함으로써 IP 주소는 IPAddress 컴포넌트의 render 메소드로 들어가 스타일이 적용돼 화면에 보이게 된다.

이제 브라우저로 확인해보면 맨 처음에 봤던 예제와 동일한 모습을 볼 수 있을 것이다.

이로써 앱 개발을 끝냈다. 그러나 이 놀라운 컴포넌트와 관련해 하나 더 알아둬야 할 사항이 있다.

노트: 프레젠테이션 대 컨테이너

여기까지 왔으니 이제 앱 설계와 관련한 논의를 할 시점이 됐다.

1. **모양을 다루는 컴포넌트**: 이는 프레젠테이션 컴포넌트(Presentational Component)로 더 잘 알려져 있다.

2. **보이지 않지만 뭔가를 처리하는 컴포넌트**: 예를 들어 라우팅을 하거나 카운터를 증가시키거나 HTTP 요청을 통해 데이터를 가져오는 등의 여러 작업을 한다. 이와 같은 컴포넌트를 컨테이너 컴포넌트(Container Component)라고 한다.

컴포넌트를 뭔가를 보여주거나(프레젠테이션) 뭔가를 처리하는(컨테이너) 관점으로 구분해 생각하면 리액트 앱의 구조를 더 잘 만드는 데에 도움이 된다. 이 두 종류의 컴포넌트를 다루는 방법에 대한 완전한 비법을 알고 싶다면 댄 아브라모프(Dan Abramov)의 글(https://medium.com/@dan_abramov/smart-and-dumb-components-7ca2f9a7c7d0)을 확인하기 바란다.

정리

이 시점이면 아마도 리액트로 인해 어떤 것이 특별해질지 궁금할 것이다. 컴포넌트 안에 따분한 자바스크립트를 사용해 이벤트를 처리하거나 상태와 속성과 관련된 작업을 한 것이 전부이기 때문이다. 하지만 우리는 이미 리액트의 기본에 해당하는 거의 모든 사항을 배웠다. 앞으로도 놀라울 만한 내용은 없을 것이다. 새롭게 배울 유일한 내용은 리액트의 기본 개념을 용도에 맞게 재구성하는 일과 관련된 것이다. 결국 거기까지가 프로그래밍의 모든 것이 아닌가?

노트: 무엇이든 물어보세요!

어떤 궁금증이 있거나 코드가 예상대로 잘 작동하지 않는다면 망설이지 말고 질문하기 바란다.

https://forum.kirupa.com에 질문을 올리면 인터넷상의 친절하고 똑똑한 사람들로부터 도움을 받을 수 있다!

15

Todo List 앱 제작

Hello, World! 앱이 리액트에 첫 발을 담그는 기념 행사였다면, 이제 앱 개발의 정수라고 할 수 있는 Todo List 앱은 리액트에 정통하게 됨을 축하하는 행사가 될 것이다. 15장에서는 지금까지 배운 많은 개념과 기법을 총동원해 https://www.kirupa.com/react/examples/todo.htm에서 볼 수 있는 것과 같은 Todo List 앱을 개발한다.

이 앱은 사용자가 자신의 '할 일'을 입력할 수 있는, 비어 있는 상태로 시작한다(그림 15.1).

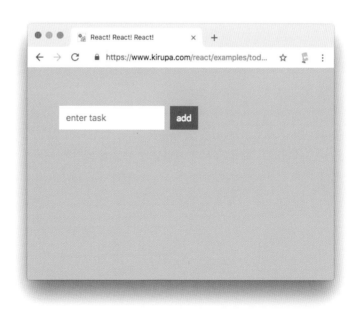

그림 15.1 '할 일'을 입력받을 수 있는 앱

Todo List 앱의 작동 방법은 간단하다. 사용자가 자신이 원하는 뭐든 텍스트 필드에 입력하고 **Add**를 누르면(또는 Enter 키를 치면), 그 내용이 화면에 나타난다. 이를 반복하면 '할 일' 목록이 계속 늘어나게 된다(그림 15.2).

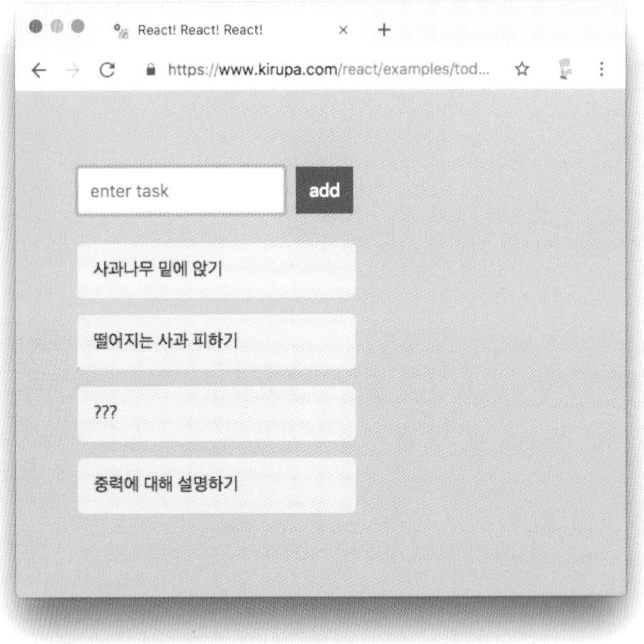

그림 15.2 '할 일'을 계속 추가할 수 있다.

'할 일'을 지우려면 그냥 해당 아이템을 클릭하면 된다. 간단하지 않은가? 다음 절부터 지금까지 배운, 아드레날린이 함유된 여러 기법들을 사용해 백지 상태에서 이 앱을 만들기 시작할 것이다.

아드레날린(또는 에피네프린)의
화학 구조식

조금 힘들 수도 있지만 앱의 각 부분을 만들면서 각자의 작동 방식을 배우는 즐거운 경험이 될 것이다.

그럼 시작하자!

시작하기

13장, '리액트 개발 환경 구성'에서 배웠듯 첫 단계는 새로운 리액트 앱을 생성시키는 일이다. 터미널에서 새 프로젝트를 만들 폴더로 이동해 다음과 같이 명령을 실행하자.

```
create-react-app todolist
```

잠시 후면 새로운 리액트 프로젝트가 만들어졌을 것이다. 깨끗한 상태에서 시작하기 위해 public과 src 폴더에 있는 모든 파일을 삭제하자.

지금쯤은 순서를 알고 있을 것이다. 우선 시작점이 필요하므로 public 폴더 안에 index.html이라는 HTML 문서를 만들자. 그리고 그 안에 다음과 같은 내용을 추가한다.

```
<!DOCTYPE html>
<html>

<head>
  <title>Todo List</title>
```

```
</head>

<body>
  <div id="container">

  </div>
</body>

</html>
```

이는 아주 기본적인 페이지다. 진짜 마술은 자바스크립트와 CSS 파일이 거주할 src 디렉터리에서 일어날 것이다. src 디렉터리 안에 index.css 파일을 만들고 다음과 같은 스타일 규칙을 추가하자.

```css
body {
  padding: 50px;
  background-color: #66CCFF;
  font-family: sans-serif;
}
#container {
  display: flex;
  justify-content: center;
}
```

이제 시작 페이지를 완성할 자바스크립트를 추가할 차례다. 역시 src 디렉터리 안에 index.js 파일을 만들고 다음과 같은 내용을 추가하자.

```js
import React from "react";
import ReactDOM from "react-dom";
import "./index.css";

var destination = document.querySelector("#container");

ReactDOM.render(
  <div>
    <p>Hello!</p>
  </div>,
  destination
);
```

잠시 시간을 내어 추가한 코드들을 살펴보기 바란다. 지금쯤이면 이 HTML, CSS, 자바스
크립트 코드에 완전히 익숙해야 한다. 지금 실제로 만든 것은 기반에 불과하다. 다음 절
부터 그 기반 위에 Todo List 앱의 나머지 부분을 쌓아 올려보자.

초기 UI 제작

지금 이 앱은 아무 기능도 하지 않는다. 게다가 뭔가 보이는 것도 없다. 따라서 기능을 구
현하기 앞서 여러 UI 엘리먼트를 갖추고 실행하는 일을 해보자. 이 예제에서는 그리 복잡
할 게 없다. 우선 입력 필드와 버튼이 있어야 하는데, 이는 div, form, input, button 엘리
먼트를 사용해 만들 수 있다.

그 엘리먼트들은 모두 TodoList라고 하는 컴포넌트 안에 존재하게 할 것이다. 그럼 src
폴더에서 TodoList.js라는 파일을 만들어 다음과 같은 내용을 작성하자.

```
import React, { Component } from "react";

class TodoList extends Component {
  render() {
    return (
      <div className="todoListMain">
        <div className="header">
          <form>
            <input placeholder="enter task">
            </input>
            <button type="submit">add</button>
          </form>
        </div>
      </div>
    );
  }
}

export default TodoList;
```

잠시 코드를 살펴보기 바란다. 여기서는 폼 엘리먼트를 정상적으로 작동시킬 JSX 코드를
볼 수 있다. 새로 만든 TodoList 컴포넌트를 사용하려면 index.js에서 이를 참조해야 한
다. index.js를 다음과 같이 수정하자.

```
import React from "react";
import ReactDOM from "react-dom";
import "./index.css";
import TodoList from "./TodoList";

var destination = document.querySelector("#container");

ReactDOM.render(
  <div>
    <TodoList/>
  </div>,
  destination
);
```

변경 사항을 모두 저장하고 브라우저에서 확인해보자. 코드에 아무 문제가 없다면 그림 15.3과 같은 모습을 볼 수 있을 것이다.

그림 15.3 현재 앱의 모습

이제 입력 필드와 제출 버튼을 갖게 됐다. 그러나 이들 엘리먼트는 아직 작동하지 않으며 멋진 모습도 아니다. 이는 잠시 후 수정하기로 하고, 먼저 앱의 나머지 부분을 어떻게 추가할지 논의해보자.

앱의 나머지 부분 개발

알다시피 초기 UI 엘리먼트를 단순히 보여주는 일은 쉬운 부분이다. 그보다는 모든 비주얼과 데이터를 함께 묶는 게 진짜 일이다. 이 작업은 다음과 같은 대략 다섯 가지 부분으로 나눌 수 있다.

1. 아이템 추가

2. 아이템 표시

3. 스타일 적용

4. 아이템 삭제

5. 아이템 추가와 삭제 시 애니메이션 적용

이 작은 작업들은 개별적으로 보면 이해하기 쉽다. 그러나 이들을 합쳤을 때에는 주의해야 할 몇 가지 사항이 있다. 다음 절부터 그 모든 내용을 알아보자.

아이템 추가

첫 번째로 해야 할 주된 작업은 이벤트 핸들러와 기본 폼 핸들러를 설정해 아이템이 추가될 수 있게 하는 일이다. 그럼 폼이 있는 부분으로 돌아가 다음과 같이 수정하자.

```
class TodoList extends Component {
  render() {
    return (
      <div className="todoListMain">
        <div className="header">
          <form onSubmit={this.addItem}>
            <input placeholder="enter task">
            </input>
            <button type="submit">add</button>
          </form>
```

```
      </div>
    </div>
  );
  }
}
```

보다시피 폼에서 submit 이벤트를 리스닝하며, 이벤트가 발생하면 addItem 메소드를 호출한다. 버튼 자체의 다른 이벤트는 리스닝하지 않고 있다. 버튼의 type 속성에 submit을 지정했기 때문이다. 이는 HTML 기법 중의 하나로, type이 submit인 버튼을 클릭하면 그 자체로 submit 이벤트를 폼에 발생시킨다.

이제 폼이 제출되면 호출될 addItem 이벤트 핸들러를 만들 차례다. render 함수 위에 다음과 같이 추가하자.

```
class TodoList extends Component {
  constructor(props) {
    super(props);

    this.addItem = this.addItem.bind(this);
  }

  addItem(e) {

  }
  .
  .
  .
}
```

여기서 한 일은 addItem 이벤트 핸들러의 정의와 바인딩이 전부다. 아직 '할 일'을 추가하게 하는 어떤 것도 없으므로 먼저 다음과 같이 생성자 안에 state 객체를 정의하자.

```
constructor(props) {
  super(props);

  this.state = {
    items: []
  };
```

```
    this.addItem = this.addItem.bind(this);
}
```

이 state 객체는 복잡할 게 없다. 단지 사용자가 입력하는 아이템을 저장할 배열인 items라는 속성 하나를 정의했을 뿐이다. 그렇다면 남은 건 사용자가 제출 버튼을 누르면 input 엘리먼트로부터 값을 읽어 items에 저장하게 하는 일이다. 여기서 유일한 문제는 DOM 엘리먼트로부터 값을 읽어오는 부분이다. 이미 알고 있듯 리액트는 DOM에 접근하기 위한 관문을 제공한다. 즉, DOM에 직접 접근해 속성을 다루게 하지 않고, 대신 ref를 통해 사용하게 하는 구멍을 제공한다는 말이다.

이제 render 함수를 다음과 같이 수정하자.

```
render() {
  return (
    <div className="todoListMain">
      <div className="header">
        <form onSubmit={this.addItem}>
          <input ref={(a) => this._inputElement = a}
                 placeholder="enter task">
          </input>
          <button type="submit">add</button>
        </form>
      </div>
    </div>
  );
}
```

여기서는 input 엘리먼트의 참조를 _inputElement라는 속성에 저장한다. 다른 말로 하면 이 컴포넌트 안의 input 엘리먼트에 접근하고 싶으면 _inputElement를 통해 할 수 있다는 의미다. 이제 addItem 함수를 다음과 같은 콘텐츠로 채울 차례다.

```
addItem(e) {
  var itemArray = this.state.items;

  if (this._inputElement.value !== "") {
    itemArray.unshift({
      text: this._inputElement.value,
      key: Date.now()
    });
```

```
    this.setState({
      items: itemArray
    });

    this._inputElement.value = "";
  }

  console.log(itemArray);

  e.preventDefault();
}
```

잠시 코드를 살펴보기 바란다. 먼저 상태 객체에 있는 items의 현재 값을 저장하기 위해 itemArray라는 변수를 만들었다. 그다음엔 input 엘리먼트 안에 콘텐츠가 있는지 확인한다. 만약 비어 있다면 아무 일도 하지 않는다. 그렇지 않고 텍스트가 들어 있다면 그 텍스트를 itemArray에 추가한다.

```
itemArray.unshift({
  text: this._inputElement.value,
  key: Date.now()
});
```

보다시피 단지 텍스트만 추가하지 않는다. 실제로는 입력된 텍스트와 고유 키 값을 포함하는 객체를 추가했다. 여기서는 현재 시간(Date.now())을 고유 키로 사용한다. 왜 키를 지정해야 하는지 지금 이해가 안 되더라도 괜찮다. 나중에 이유를 알게 될 테니 말이다.

남은 코드는 매우 쉽다. itemArray의 값을 상태 객체의 items 속성에 지정하고 있다. 그리고 input 엘리먼트의 값을 지움으로써 다음 '할 일' 아이템을 입력할 수 있게 했다. 그리고 다음과 같은, 조금은 심상치 않은 라인이 있다.

```
e.preventDefault();
```

이는 이벤트의 기본 동작을 막는다는 의미다. 이렇게 하는 이유는 폼 제출의 작동 원리와 관련이 있다. 사용자가 폼을 제출하면 기본적으로 페이지는 다시 로딩되며 모든 사항이 초기화된다. 이는 지금 예제에는 맞지 않다. 따라서 preventDefault를 호출함으로써 그런 기본 동작을 막았다. 아주 좋은 방법이다.

이제 우리가 어디까지 왔는지 잠시 점검해볼 시간이다. 브라우저에서 앱을 테스트하면서 콘솔을 확인해보면, 입력한 '할 일' 아이템들이 state 객체에 정상적으로 저장됨을 알 수 있다(그림 15.4).

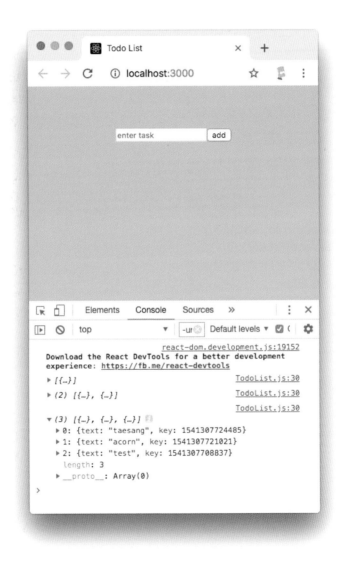

그림 15.4 이제 입력한 '할 일'이 저장된다. 아직 굉장하지는 않지만 장족의 발전을 했다.

아이템 표시

현재는 '할 일' 아이템을 콘솔에서만 확인할 수 있다. 따라서 '할 일' 아이템이 페이지에서 직접 보이게 만들어야 한다. 이를 위해 TodoItems라는 새로운 컴포넌트를 만들어 사용할 것이다. 먼저 이 컴포넌트를 TodoList 컴포넌트의 render 메소드 안에 지정하고 items 배열을 속성으로 전달하자.

지금 얘기한 내용을 코드로 옮기면 다음과 같다.

```
render() {
  return (
    <div className="todoListMain">
      <div className="header">
        <form onSubmit={this.addItem}>
          <input ref={(a) => this._inputElement = a}
                 placeholder="enter task">
          </input>
          <button type="submit">add</button>
        </form>
      </div>
      <TodoItems entries={this.state.items}/>
    </div>
  );
}
```

위와 같이 작성한 다음엔 상단에 다음과 같이 import 구문을 추가하자.

```
import React, { Component } from "react";
import TodoItems from "./TodoItems";

class TodoList extends Component {
  .
  .
  .
```

TodoList.js에서 필요한 작업은 현재로서는 이 두 가지가 전부다. 따라서 이제 실제 TodoItems 컴포넌트를 만들 차례다. src 디렉터리 안에 TodoItems.js라는 파일을 만들고 다음 내용을 추가하자.

```
import React, { Component } from "react";

class TodoItems extends Component {
  createTasks(item) {
    return <li key={item.key}>{item.text}</li>
  }

  render() {
    var todoEntries = this.props.entries;
    var listItems = todoEntries.map(this.createTasks);

    return (
      <ul className="theList">
        {listItems}
      </ul>
    );
  }
};

export default TodoItems;
```

많은 코드를 한 번에 몰아넣은 듯 보이는데, 한번 그 내용을 들여다보자. render 함수에 서는 entries 속성을 통해 '할 일' 아이템을 받아 JSX와 HTML 식의 코드로 바꾼다. 이를 위해 createTasks와 map 함수를 사용했다.

```
createTasks(item) {
  return <li key={item.key}>{item.text}</li>
}
```

listItems 변수에 저장된 값은 화면에 출력할 콘텐츠를 담고 있는 li 엘리먼트의 배열이 다. 여기서 key 속성의 값(앞서 봤던 Date.now( ))을 각 엘리먼트에 설정함으로써 리액트가 엘리먼트를 추적하기 쉽게 했음을 주목하기 바란다.

그다음엔 엘리먼트의 리스트를 화면에서 보일 수 있는 형태로 바꿔 리턴한다.

```
return (
  <ul className="theList">
    {listItems}
  </ul>
);
```

모든 변경 사항을 저장하고 앱을 실행해보자(npm start로 다시 실행해도 된다). 정상적이라면 '할 일'을 추가할 수 있을 뿐만 아니라 화면에서 볼 수도 있어야 한다(그림 15.5).

그림 15.5 이제 '할 일'이 화면에 나타난다!

위 그림과 같은 식으로 작동한다면 성공이다! 자축의 의미로 이제 JS와 JSX로부터 잠시 떨어져 있는 시간을 갖자.

스타일 적용

현재 이 앱은 그 놀라운 기능에 걸맞은 수준의 모양새를 갖고 있지는 않다. 따라서 스타일시트 하나를 만들고 적정 수준의 스타일 규칙들을 추가해 사용하자. src 폴더에 TodoList.css라는 새 스타일시트 파일을 만들고 다음 스타일 규칙들을 추가한다.

```css
.todoListMain .header input {
  padding: 10px;
  font-size: 16px;
  border: 2px solid #FFF;
  width: 165px;
}
.todoListMain .header button {
  padding: 10px;
  font-size: 16px;
  margin: 10px;
  margin-right: 0px;
  background-color: #0066FF;
  color: #FFF;
  border: 2px solid #0066FF; }
.todoListMain .header button:hover {
  background-color: #003399;
  border: 2px solid #003399;
  cursor: pointer;
}
.todoListMain .theList {
  list-style: none;
  padding-left: 0;
  width: 250px;
}
.todoListMain .theList li {
  color: #333;
  background-color: rgba(255,255,255,.5);
  padding: 15px;
  margin-bottom: 15px;
  border-radius: 5px;
}
```

스타일시트를 만들었으니 이를 참조해야 한다. TodoList.js의 상단에 다음과 같이 스타일시트의 참조를 추가하자.

```
import React, { Component } from "react";
import TodoItems from "./TodoItems";
import "./TodoList.css";

class TodoList extends Component {
  .
  .
  .
```

변경 사항이 잘 반영됐다면 그림 15.6과 같은 모습을 볼 수 있을 것이다.

그림 15.6 좀 더 나은 모습이 됐다.

보다시피 훨씬 나아졌다. 여기서 한 일은 약간의 CSS를 추가한 게 전부다. 따라서 기능상
으로는 변경된 사항이 없다. 기능과 관련된 개선 작업은 다음 절부터 해볼 것이다.

아이템 삭제

현재는 '할 일' 아이템을 추가할 수 있으며 그 아이템을 화면에서 볼 수 있는 상태다. 그
러나 한 번 추가된 아이템을 삭제하는 기능은 아직 없다. 그렇다면 사용자가 해당 아이템
을 클릭하면 삭제될 수 있게 해보자. 구현하기 쉬울 것 같지 않은가? 한 가지 주의 사항
은 코드를 넣을 위치다. 클릭할 아이템은 TodoItems.js에 정의돼있다. 그러나 state 객
체에 아이템을 채우는 실제 로직은 TodoList.js에 있다. 따라서 우리는 이 두 컴포넌트 사
이에 뭔가를 전달하기 위한 어떤 기법을 사용할 예정이다.

먼저 클릭 이벤트를 다루기 위한 이벤트 핸들러를 준비해야 한다. 그럼 createTasks 메
소드의 return 구문을 다음과 같이 수정하자.

```
createTasks(item) {
  return <li onClick={() => this.delete(item.key)}
            key={item.key}>{item.text}</li>
}
```

여기서는 단순히 클릭 이벤트를 리스닝하며, 이를 delete라고 하는 이벤트 핸들러에 연
결했다. 여기서 새로운 부분은 이벤트 핸들러에 인자를 전달하는 방식에 있다. 이벤트 인
자와 이벤트 핸들러의 범위를 다루는 방식으로 인해 화살표 함수를 사용해 기본 이벤트
인자를 유지하면서 전달할 수 있게 했다. 이게 무슨 말인지 잘 몰라도 안심하기 바란다.
이는 자바스크립트의 기법일 뿐 리액트와는 아무 상관이 없기 때문이다.

이제 delete 이벤트 핸들러를 정의할 차례다. 다음의 강조된 라인들을 작성하자.

```
class TodoItems extends Component {
  constructor(props) {
    super(props);

    this.createTasks = this.createTasks.bind(this);
  }

  delete(key) {
    this.props.delete(key);
  }
```

여기서는 아이템의 key를 인자로 받는 delete라는 함수를 정의했다. 또한 생성자를 추가해 그 안에서 this를 명시적으로 바인딩했다. 주목해야 할 점은 delete 함수가 실제로 삭제 작업을 하지 않는다는 사실이다. 그 대신 속성을 통해 this 컴포넌트에 전달된 또 다른 delete 함수를 호출한다. 우리는 여기서부터 거꾸로 작업을 할 예정이다.

이제 TodoList 컴포넌트의 render 함수로 돌아가자. TodoItems를 호출하는 부분에서 delete라는 속성을 추가하고 여기에 deleteItem이라는 함수를 지정하자.

```
render() {
  return (
    <div className="todoListMain">
      <div className="header">
        <form onSubmit={this.addItem}>
          <input ref={(a) => this._inputElement = a}
                 placeholder="enter task">
          </input>
          <button type="submit">add</button>
        </form>
      </div>
      <TodoItems entries={this.state.items}
                 delete={this.deleteItem}/>
    </div>
  );
}
```

이렇게 함으로써 TodoItems 컴포넌트는 이제 delete라는 속성을 인지하게 됐다. 이는 또한 TodoList에 추가할 삭제 함수를 실제로 연결시킨다는 의미다. 이제 남은 건 아이템을 실제로 삭제해줄 deleteItem 함수를 만드는 일이다.

먼저 TodoList 컴포넌트에 다음과 같은 deleteItem 함수를 추가하자.

```
deleteItem(key) {
  var filteredItems = this.state.items.filter(function(item) {
    return (item.key !== key);
  });

  this.setState({
    items: filteredItems
```

```
  });
}
```

어느 위치에 추가하든 상관은 없지만 필자는 addItem 함수의 아래에 추가했다. 그럼 잠시 코드를 살펴보자. 다음과 같이 클릭된 아이템으로부터의 key를 filter 메소드로 전달해 현재 저장하고 있던 key와 비교한다.

```
var filteredItems = this.state.items.filter(function(item) {
  return (item.key !== key);
});
```

이 코드의 실행 결과는 간단하다. 삭제될 아이템을 제외한 모든 아이템을 갖는 filteredItems라는 새로운 배열이 만들어진다. 그리고 이 배열은 다시 state 객체의 items 속성에 지정된다.

```
this.setState({
  items: filteredItems
});
```

그다음엔 UI가 갱신되고 해당 아이템은 영원히 사라진다. 마지막으로 할 일은 this에 대한 통상적인 바인딩 작업이다. 생성자 안에 다음과 같은 라인을 추가하자.

```
constructor(props) {
  super(props);

  this.state = {
    items: []
  };

  this.addItem = this.addItem.bind(this);
  this.deleteItem = this.deleteItem.bind(this);
}
```

이렇게 함으로써 deleteItem 안의 this는 올바른 참조를 갖게 된다. 이제 아이템 삭제 임무 완수를 위해 하나 더 할 일이 있다. 바로 TodoList.css를 열어 다음 강조된 라인들을 추가하는 것이다.

```css
.todoListMain .theList li {
  color: #333;
  background-color: rgba(255,255,255,.5);
  padding: 15px;
  margin-bottom: 15px;
  border-radius: 5px;

  transition: background-color .2s ease-out;
}

.todoListMain .theList li:hover {
  background-color: pink;
  cursor: pointer;
}
```

이는 삭제하고자 하는 아이템 위에 마우스 커서를 올렸을 때의 효과, 즉 호버^{hover} 효과를 제공한다. 이로써 아이템 삭제 기능을 완전히 구현했다. 앱을 실행해 아이템 추가와 삭제를 직접 해보기 바란다. 이제 마지막 남은 주제 하나를 알아보자.

애니메이션

마지막 주제는 아이템을 추가하거나 삭제할 때 더욱 자연스럽게 보이게 하는, 몇 가지 애니메이션을 추가하는 일이다. 리액트는 애니메이션을 적용하는 다양한 방식을 제공한다. 물론 CSS 애니메이션, CSS 트랜지션, requestAnimationFrame, 웹 애니메이션 API^{Web Animation API}, 그 밖의 인기 있는 애니메이션 라이브러리 등을 사용하는 전통적인 접근방법도 있다. 그 방법들은 모두 애니메이션을 아주 과하게 만들기도 한다.

그러나 그런 접근 방법은 이미 존재하는 엘리먼트에 애니메이션을 적용할 때 약간의 제한이 있다. 이는 리액트가 DOM으로부터 제거되려고 하는 엘리먼트의 생명주기를 완전히 관장하기 때문이다. 물론 생명주기 메소드의 일부를 재정의해 엘리먼트 제거를 가로채고, 거기에 애니메이션 로직을 넣을 수도 있다. 그러나 이는 너무 일을 복잡하게 만드는 방법이다. 지금은 그렇게 하지 않는 게 좋겠다.

다행히 리액트 커뮤니티에는 엘리먼트 추가와 삭제에 애니메이션을 아주 쉽게 적용할
수 있는 경량의 애니메이션 라이브러리들이 있다. 그중 하나는 플립 무브^{Flip Move}다. 다른
무엇보다도 이 라이브러리는 리스트 엘리먼트의 추가와 삭제에 대한 애니메이션의 적용
을 쉽게 해준다.

먼저 이 라이브러리를 프로젝트에 추가해야 한다. 현재 위치가 todolist 프로젝트 폴더임
을 확인한 뒤, 다음과 같은 명령을 실행하자.

```
npm i -S react-flip-move
```

이렇게 하면 필요한 모든 파일이 프로젝트의 node_modules 폴더 안에 복사될 것이다.
준비 사항은 이게 전부다. 이제 TodoItems.js를 열어 상단에 다음과 같은 import문을 추
가하자.

```
import FlipMove from 'react-flip-move';
```

이제 남은 건 FlipMove 컴포넌트를 사용해 아이템 리스트에 애니메이션을 적용하는 일
이다. 그럼 render 함수에 다음과 같은 코드를 추가하자.

```
render() {
  var todoEntries = this.props.entries;
  var listItems = todoEntries.map(this.createTasks);

  return (
    <ul className="theList">
      <FlipMove duration={250} easing="ease-out">
        {listItems}
      </FlipMove>
    </ul>
  );
}
```

보다시피 단순히 listItems를 FlipMove 컴포넌트로 감싸고 애니메이션 지속 시간^{duration}
과 이징^{easing} 함수의 유형을 지정했다. 이게 전부다. 이제 앱을 확인해보면 아이템을 추가
하거나 삭제할 때 부드럽게 작동하는 애니메이션 효과를 볼 수 있을 것이다.

> **노트: 제어 컴포넌트 대 비제어 컴포넌트**
>
> 폼 엘리먼트들은 흥미롭다. 각자 자신만의 상태를 보유하고 있기 때문이다. 예를 들어 어떤 텍스트 엘리먼트는 콘텐츠를 포함한 상태이며, 어떤 아이템은 이미 드롭다운 목록에서 선택돼 있는 상태일 수 있다. 리액트는 자신의 작은 공간에 모든 상태를 집중시키므로, 상태를 저장하는 폼 엘리먼트들 각자의 내부 메커니즘을 좋아하지 않는다. 리액트는 onChange와 같은 이벤트를 사용해 리액트 컴포넌트 내부의 모든 폼 데이터를 동기화시킬 것을 제안한다. 이와 같이 리액트가 폼 엘리먼트를 다루게 하는 컴포넌트를 제어 컴포넌트(controlled component)라고 한다.
>
> 그러나 또한 모든 폼 엘리먼트의 상태 동기화를 유지하는 일은 번거롭다. 리액트를 만든 개발자 역시 그 사실을 잘 안다. 동기화를 하지 않으려면 아무것도 하지 않으면 된다. 즉, 폼 엘리먼트가 자신의 상태를 관리하게 그대로 두고, 그 값에 접근이 필요할 때에는 단순히 ref를 사용하면 된다. 앞서 예제에서 했듯 말이다. 이와 같이 모든 상태 관리가 각자 다른, DOM 엘리먼트를 형성하는 컴포넌트를 비제어 컴포넌트(uncontrolled component)라고 한다.

정리

15장에서 만든 Todo 앱은 매우 단순하지만 백지 상태에서 구현해보면서 리액트의 흥미로운 부분들을 많이 다뤘다. 또한 이전에 개별적으로 배웠던 여러 개념들을 조합해 함께 작동하게 만들었다. 이는 정말 중요한 부분이다.

이제 질문 하나를 해보자. 15장의 내용이 전부 이해가 되는가? 만약 그렇다면 여러분의 친구나 가족에게 리액트를 거의 통달했다고 말해도 좋다. 그러나 여전히 잘 이해가 되지 않는 부분이 있다면 해당 장으로 되돌아가 다시 읽어보기를 권한다.

> **노트: 무엇이든 물어보세요!**
>
> 어떤 궁금증이 있거나 코드가 예상대로 잘 작동하지 않는다면 망설이지 말고 질문하기 바란다. https://forum.kirupa.com에 질문을 올리면 인터넷상의 친절하고 똑똑한 사람들로부터 도움을 받을 수 있다!

16

슬라이드 메뉴

슬라이드 메뉴는 오늘날 UI 분야에서 크게 유행하는 것 중 하나다. 멋진 개발자라면 누구나 슬라이드 메뉴를 만들며, 많은 사용자가 선호한다. 슬라이드 메뉴는 클릭이나 탭을 했을 때 화면 안으로 미끄러지듯 들어오는, 기본적으로는 화면 밖의 요소다. 또한 화살표나 햄버거 아이콘, 또는 메뉴가 나타날 수 있음을 표시하는 어떤 것으로 표시된다.

슬라이드 메뉴를 직접 사용해보기 위해 https://www.kirupa.com/react/examples/slidingmenu_css/index.html을 방문해보기 바란다.

왼쪽 위의 동그란 버튼을 누르면 부드럽게 나타나는 내비게이션 메뉴를 볼 수 있을 것이다. 거기서 링크나 노란 배경의 아무 곳이나 클릭하면, 역시 부드럽게 메뉴가 되돌아간다. 그럼 지금부터 리액트로 슬라이드 메뉴 만드는 방법을 알아보자.

> **노트: 순수 자바스크립트 해법**
>
> 리액트와 무관하게 순수 자바스크립트로 슬라이드 메뉴를 구현하고 싶다면 '부드러운 슬라이드 메뉴 만들기 Creating a Smooth Sliding Menu(http://bit.ly/plainSidingMenu)'라는 글을 참고하기 바란다.

슬라이드 메뉴의 작동 원리

코딩 작업에 뛰어들기 전에 잠시 슬라이드 메뉴의 정확한 작동 원리를 이해하는 시간을 가져보자. 먼저 페이지부터 보자. 어떤 콘텐츠가 포함돼 있는, 다음 그림과 같은 모습이다.

페이지의 처음 모습

메뉴를 불러오기 위해 파란색 원을 탭하거나 클릭하면 메뉴가 화면 안으로 미끄러지듯
나타난다.

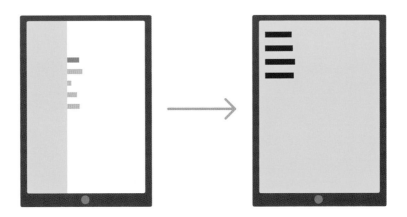

슬라이드 메뉴의 작동 방식은 생각보다 복잡하지 않다. 사실 메뉴는 항상 존재하고 있다.
다만 화면 밖에 있으므로 보이지 않을 뿐이다. 다음 그림에서 알 수 있듯 말이다.

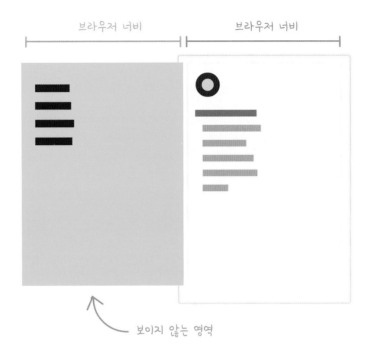

보다시피 메뉴는 콘텐츠 화면의 왼쪽에 존재하며, 호출되기 전까지는 그 자리에서 대기하고 있다. 이는 메뉴의 위치를 화면에서 보이지 않을 때까지 최대한 왼쪽으로 이동시킴으로써 가능하다. 그렇게 하는 일이 얼마나 쉬운지 알아보자. 메뉴의 크기는 브라우저 창 (또는 뷰포트viewport)과 같다. 그래야 메뉴가 화면 전체를 덮을 수 있기 때문이다. 그렇다면 메뉴를 브라우저의 너비만큼만 왼쪽으로 이동시키면 될 것이다. 그렇게 할 수 있는 방법 중 하나는 다음과 같은 CSS를 이용하는 것이다.

```
#theMenu {
  position: fixed;
  left: 0;
  top: 0;
  transform: translate3d(-100vw, 0, 0);

  width: 100vw;
  height: 100vh;
}
```

보다시피 메뉴의 위치를 fixed로 지정했다. 이 하나로 메뉴는 모든 마법의 능력을 얻게 된다. 우선 첫째로 메뉴에 일반적인 레이아웃 규칙이 더 이상 적용되지 않는다. 그냥 수평 값과 수직 값을 사용해 원하는 곳에 메뉴를 위치시킬 수 있게 된다. 게다가 메뉴가 화면 밖으로 나가면 스크롤바도 보이지 않는다.

메뉴의 left와 top 속성에는 0으로 지정하고 transform 속성에는 -100vw값이 전달된 translate3d 메소드를 지정함으로써, 메뉴를 화면 밖으로 숨길 수 있었다. -100vw는 메뉴를 브라우저 창의 너비만큼 왼쪽으로 이동시킨다는 의미다. 위치와 직접적인 관계는 없지만 메뉴의 크기도 중요한 역할을 한다. 그래서 width와 height 속성에 각각 100vw와 100vh를 지정함으로써 메뉴의 크기가 브라우저 창의 크기와 동일하게 만들었다.

> **노트: vw와 vh 단위란?**
> vw와 vh라는 단위는 각각 뷰포트 너비(viewport width)와 뷰포트 높이(viewport height)를 나타낸다. 마치 퍼센트 값과 흡사하다. 한 단위는 (쉽게 브라우저 창이라고 표현했던) 뷰포트의 너비나 높이의 1/100을 말한다. 따라서 예컨대 100vw는 브라우저 창의 전체 너비에 해당하는 값이다. 마찬가지로 100vh는 브라우저 창의 전체 높이와 같다.

화면 안으로 들어오라는 호출을 받으면 메뉴를 브라우저 창의 원래 위치까지 오른쪽으로 이동시키면 된다. 이는 이전의 CSS를 이해했다면 쉽게 변경할 수 있음을 알 것이다. 단순히 transform 속성의 translate3d 메소드에서 수평의 위치를 0vw로 설정하면 되기 때문이다.

즉, 다음과 같은 코드가 될 것이다.

```
transform: translate3d(0vw, 0, 0);
```

이렇게 하면 화면 밖(-100vw)에 숨어 있던 메뉴가 오른쪽으로 이동돼 화면에 나타나게 된다. 메뉴를 사라지게 하려면 다음과 같이 원래대로 변경하면 된다.

```
transform: translate3d(-100vw, 0, 0);
```

아직 얘기하지 않은 가장 큰 사항은 멋진 슬라이드를 만들어주는 애니메이션에 관한 것이다. 이는 transform 속성에 애니메이션을 적용하는, 다음과 같은 CSS 트랜지션을 사용해 가능하다.

```
transition: transform .3s cubic-bezier(0, .52, 0, 1);
```

CSS 트랜지션에 대해 잘 모르더라도 괜찮다. 쉽게 이해할 수 있는 개념이기 때문이다. 여기서 CSS 트랜지션을 설명할 수는 없으므로, 잠시 시간을 내어 CSS 트랜지션을 소개하는 글(https://www.kirupa.com/html5/introduction_css_transitions.htm)을 읽어보기 바란다.

지금까지는 슬라이드 메뉴의 작동 원리를 개괄적으로 살펴봤다. 몇 가지 자세한 사항은 이후에 실제로 메뉴를 구현하면서 알아볼 것이다.

개발 준비

슬라이드 메뉴의 작동 원리에 대한 기본 지식을 알았으니, 이제 그 모든 사항을 사랑스러운 JSX와 그 밖의 코드로 만들어보자. 먼저 예제를 구성하게 될 개별 컴포넌트들을 알아보자.

우선 가장 상위에는 MenuContainer라는 컴포넌트가 있다.

이 컴포넌트의 역할은 상태 관리 등의 비시각적 기능을 수행하고, Menu와 MenuButton 컴포넌트를 호스팅하며, 초기 텍스트를 화면에 보여주는 일이다. 즉, 앱의 구성은 전체적으로 다음과 같은 식이 될 것이다.

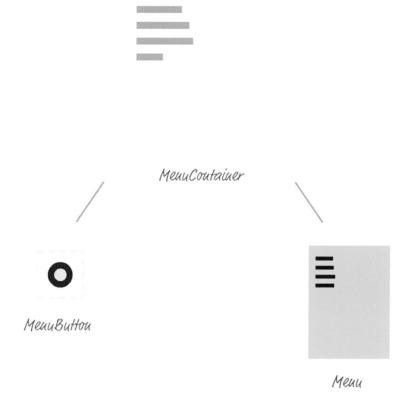

MenuContainer

MenuButton

Menu

다음 절에서는 이들 컴포넌트를 만들고 예제를 실행해보기 시작할 것이다.

시작하기

먼저 crate-react-app을 사용해 slidingmenu라는 프로젝트를 만들자. 잘 기억이 나지 않는다면 리액트 프로젝트를 생성하고 구성하는 자세한 방법을 13장, '리액트 개발 환경 구성'에서 참고하기 바란다. 프로젝트가 생성됐으면 깨끗한 상태에서 시작하기 위해 public과 src 폴더 안의 모든 파일을 삭제한다.

이제 HTML 문서를 만드는 일부터 시작하자. public 폴더에 index.html이라는 파일을 만들고 다음과 같은 내용을 추가한다.

```
<!DOCTYPE html>
<html>

<head>
  <title>Sliding Menu in React</title>
</head>

<body>
  <div id="container"></div>
</body>

</html>
```

이 HTML 페이지는 단순히 모든 리액트 컴포넌트들의 최종 결과를 렌더링하는 목적지일 뿐이다.

그다음엔 src 폴더 안에 index.js라는 파일을 만들어 다음과 같은 내용을 작성하자.

```
import React from "react";
import ReactDOM from "react-dom";
import "./index.css";
import MenuContainer from "./MenuContainer";

ReactDOM.render(
  <MenuContainer/>,
  document.querySelector("#container")
);
```

여기서의 render 호출은 MenuContainer 컴포넌트의 결과를 이전에 HTML에서 지정했던 container div에 출력하는 역할을 한다. import 구문들은 React와 ReactDOM뿐만 아니라 index.css와 MenuContainer 컴포넌트를 참조한다. index.js 파일의 내용은 이게 전부다.

그다음은 src 폴더 안에 index.css 파일을 만들어 기본적인 스타일을 정의할 차례다. 다음과 같은 두 개의 스타일 규칙을 추가하자.

```css
body {
  background-color: #EEE;
  font-family: sans-serif;
  font-size: 20px;
  padding: 25px;
  margin: 0;
  overflow: auto;
}

#container li {
  margin-bottom: 10px;
}
```

이 스타일 규칙들에 대해 굳이 설명할 내용은 없으므로, 초기 버전의 앱에서 마지막 컴포넌트인 MenuContainer를 만드는 단계로 넘어가자. src 폴더에 MenuContainer.js라는 파일을 만들고 다음과 같이 JS와 JSX를 추가한다.

```jsx
import React, { Component } from "react";

class MenuContainer extends Component {
  render() {
    return (
      <div>
        <div>
          <p>Can you spot the item that doesn't belong?</p>
          <ul>
            <li>Lorem</li>
            <li>Ipsum</li>
            <li>Dolor</li>
            <li>Sit</li>
            <li>Bumblebees</li>
            <li>Aenean</li>
            <li>Consectetur</li>
          </ul>
        </div>
      </div>
```

```
    );
  }
}
```

```
export default MenuContainer;
```

모든 변경 사항을 저장하고 npm start로 앱을 실행해 초기 앱이 잘 작동하는지 확인하기 바란다. 아무 문제가 없다면 브라우저가 실행되고 다음 그림과 같은 모습을 볼 수 있을 것이다.

보다시피 아직 슬라이드 메뉴나 버튼은 없으며, 다음 절에서 추가하기 시작할 것이다.

메뉴 보이기와 감추기

초기 앱을 준비했으니 이제부터 재미있는 부분이다. 메뉴를 구현할 차례이기 때문이다. 이 예제에서의 슬라이드 메뉴는 다음과 같은 경우에 보이거나 사라진다.

> 1. 버튼을 클릭하면 슬라이드 메뉴가 화면에 나타난다.
>
> 2. 아무 곳이나 클릭하면 슬라이드 메뉴는 화면 밖으로 다시 사라진다.

이는 몇 가지 고려해야 할 사항이 있음을 의미한다. 일단 메뉴가 보이고 있는지 숨겨져 있는지를 추적할 수 있는 상태를 관리해야 한다. 이 상태는 버튼이나 메뉴가 클릭되면 갱신돼야 한다. 또한 상태는 메뉴와 버튼이 모두 접근할 수 있는 공통 위치에 존재해야 한다. 그 공통 위치는 MenuContainer 컴포넌트의 내부가 적당할 것이므로, 이 컴포넌트에 상태 관련 로직을 추가해야 한다.

그럼 MenuContainer 컴포넌트의 render 메소드 위에 다음과 같이 생성자와 toggleMenu 메소드를 추가하자.

```
constructor(props) {
  super(props);

  this.state = {
    visible: false
  };

  this.toggleMenu = this.toggleMenu.bind(this);
}

toggleMenu() {
  this.setState({
    visible: !this.state.visible
  });
}
```

지금 추가한 코드는 별로 특이할 게 없다. visible이라는 변수를 상태 객체에 저장했으며, visible의 값을 true나 false로 전환해줄 toggleMenu라는 메소드를 만들었다.

다음은 버튼과 메뉴의 클릭 이벤트를 다루는 작업이다. 결국 MenuContainer 컴포넌트 안의 상태를 갱신하는 목적이므로, 이벤트 핸들러 역시 이 컴포넌트 안에 있어야 할 것이다. 그럼 MenuContainer에 다음 강조된 라인들을 추가하자.

```
import React, { Component } from "react";

class MenuContainer extends Component {
  constructor(props) {
    super(props);

    this.state = {
      visible: false
    };

    this.handleMouseDown = this.handleMouseDown.bind(this);
    this.toggleMenu = this.toggleMenu.bind(this);
  }

  handleMouseDown(e) {
    this.toggleMenu();

    console.log("clicked");
    e.stopPropagation();
  }

  toggleMenu() {
    this.setState({
      visible: !this.state.visible
    });
  }
  .
  .
  .
}
```

handleMouseDown 메소드가 호출되면 메뉴를 토글할 toggleMenu가 호출될 것이다. 이 시점에서 클릭 이벤트를 다루는 실제 코드가 어디에 있는지 궁금할 수 있다. 즉, 누가 handleMouseDown을 호출하는지 말이다. 이에 대한 답변은 "아직 없음"이다. 지금은 순서를 조금 바꿔 이벤트 핸들러를 먼저 정의했기 때문이다. 이벤트 핸들러와 클릭 이벤트 사이의 연결 작업은 잠시 후 버튼과 메뉴 컴포넌트를 다룰 때 할 것이다.

버튼 제작

src 폴더에 MenuButton.js와 MenuButton.css라는 두 개의 파일을 만들자. MenuButton.js에는 다음과 같은 코드를 추가한다.

```
import React, { Component } from "react";
import './MenuButton.css';

class MenuButton extends Component {
  render() {
    return (
      <button id="roundButton"
              onMouseDown={this.props.handleMouseDown}></button>
    );
  }
}

export default MenuButton;
```

코드의 내용을 잠시 감상하기 바란다. 크게 대단할 건 없다. roundButton이라는 이름의 button 엘리먼트를 만들었고, onMouseDown 이벤트를 handleMouseDown으로 참조하는 속성에 연결했을 뿐이다. 이제 MenuButton.css에 다음과 같은 스타일 규칙들을 추가하자.

```
#roundButton {
  background-color: #96D9FF;
  margin-bottom: 20px;
  width: 50px;
  height: 50px;
  border-radius: 50%;
  border: 10px solid #0065A6;
  outline: none;
  transition: all .2s cubic-bezier(0, 1.26, .8, 1.28);
}
```

```
#roundButton:hover {
  background-color: #96D9FF;
  cursor: pointer;
  border-color: #003557;
  transform: scale(1.2, 1.2);
}

#roundButton:active {
  border-color: #003557;
  background-color: #FFF;
}
```

이제 새로 만든 MenuButton 컴포넌트를 실제로 인스턴스화할 차례다. MenuContainer 컴포넌트로 돌아가 다음 강조된 라인을 render 메소드 안에 추가하자.

```
render() {
  return (
    <div>
      <MenuButton handleMouseDown={this.handleMouseDown}/>
      .
      .
      .
  );
}
```

이 코드가 제대로 작동하려면 이 파일의 상단에 MenuButton.js 파일을 참조하는 import 구문을 추가해야 함을 잊지 말자. 늘 그렇듯 깜박 잊기 쉬운 부분이다.

보다시피 MenuButton 컴포넌트에 handleMouseDown이라는 속성을 전달하며, 그 속성의 값은 앞서 정의했던 handleMouseDown이라는 이벤트 핸들러다. 이렇게 함으로 MenuButton 컴포넌트 안의 버튼이 클릭되면 MenuContainer 컴포넌트 안의 handleMouseDown 메소드가 호출되게 된다. 이렇게 버튼은 잘 만들었지만 불러들일 메뉴가 없다면 무용지물일 것이다. 그렇다면 메뉴를 만들어보자.

메뉴 제작

이제 메뉴와 관련된 모든 사항을 책임질 Menu 컴포넌트를 만들 시간이다. 컴포넌트를 만들기 전에, 이미 만들었다고 가정하고 MenuContainer의 render 메소드에서 호출하는 코드부터 먼저 추가하자. 앞서 추가했던 MenuButton 호출 코드의 아래에 다음과 같이 Menu 컴포넌트를 호출하는 라인을 추가한다.

```
render() {
  return (
    <div>
      <MenuButton handleMouseDown={this.handleMouseDown}/>
      <Menu handleMouseDown={this.handleMouseDown}
            menuVisibility={this.state.visible} />
        .
        .
        .
  );
}
```

당연히 Menu.js에 대한 import 구문도 추가했을 거라고 믿는다. 그럼 Menu 컴포넌트에 전달하는 속성을 살펴보자. 첫 번째 속성은 낯익다. handleMouseDown 속성이며 그 값은 handleMouseDown 이벤트 핸들러다. 두 번째 속성은 menuVisibility로서, 그 값은 visible 이라는 상태 속성의 현재 값이다. 이제 실제 Menu 컴포넌트를 만들면서 이들 속성을 어떻게 사용하는지 알아보자.

계속 파티를 해왔던 src 폴더에서 Menu.js와 Menu.css라는 두 개의 파일을 만들자. Menu.js에는 다음과 같은 내용을 추가한다.

```
import React, { Component } from "react";
import "./Menu.css";

class Menu extends Component {
  render() {
    var visibility = "hide";

    if (this.props.menuVisibility) {
      visibility = "show";
    }
```

```
  return (
    <div id="flyoutMenu"
        onMouseDown={this.props.handleMouseDown}
        className={visibility}>
      <h2><a href="/">Home</a></h2>
      <h2><a href="/">About</a></h2>
      <h2><a href="/">Contact</a></h2>
      <h2><a href="/">Search</a></h2>
    </div>
  );
  }
}
```

```
export default Menu;
```

return 구문 안에 있는 JSX에 주목하기 바란다. 먼저 약간의 샘플 콘텐츠가 있는 flyoutMenu라는 div 엘리먼트가 있다. 이 div 엘리먼트 안에는 onMouseDown 이벤트가 발생하면 호출될, 속성을 통해 받은 handleMouseDown 이벤트 핸들러를 지정했다. 그다음엔 이 엘리먼트의 class값에 visibility라는 변수를 평가한 결과를 지정했다. class는 자바스크립트의 예약어(키워드)이므로 JSX에서 직접 사용할 수 없음을 기억하기 바란다. 그 대신 className을 사용해야 한다.

다시 코드의 윗부분을 보면 visibility의 값이 다음과 같이 지정됨을 볼 수 있다.

```
var visibility = "hide";

if (this.props.menuVisibility) {
  visibility = "show";
}
```

visibility의 값은 hide나 show인데, 이는 상태 객체의 visible에 의해 결정된 menuVisibility 속성의 값이 true인지에 달렸다. 의외로 className 주변의 코드는 메뉴를 실제로 보여줄지 결정함에 있어서 정말 중요한 역할을 한다. 곧 작성할 CSS를 보면 그 이유를 알 수 있을 것이다. Menu.css를 열고 다음과 같은 스타일 규칙들을 추가하자.

```
#flyoutMenu {
  width: 100vw;
  height: 100vh;
```

```
    background-color: #FFE600;
    position: fixed;
    top: 0;
    left: 0;
    transition: transform .3s
                cubic-bezier(0, .52, 0, 1);
    overflow: scroll;
    z-index: 1000;
}

#flyoutMenu.hide {
    transform: translate3d(-100vw, 0, 0);
}

#flyoutMenu.show {
    transform: translate3d(0vw, 0, 0);
    overflow: hidden;
}

#flyoutMenu h2 a {
    color: #333;
    margin-left: 15px;
    text-decoration: none;
}

#flyoutMenu h2 a:hover {
    text-decoration: underline;
}
```

이 CSS의 대부분은 메뉴 자체의 모양을 다루지만, 실제로 메뉴를 보이거나 숨기는 일은 #flyoutMenu.hide와 #flyoutMenu.show라는 스타일 규칙이 담당한다. 이 두 스타일 규칙이 활성화는 전적으로 앞서 작성했던 코드에 달렸다. className에 지정된 값에 따라, 생성된 HTML에서의 class값이 hide나 show가 될 것이기 때문이다. 멋지지 않은가?

이로써 모든 코딩을 마쳤다. 모든 변경 사항을 저장하고 이 앱이 예상대로 작동하는지 테스트하기 바란다. 모두 확인했다고 해서 이 프로젝트를 폐기하지 말기 바란다. 나중에 다시 이 앱으로 주요 결점에 대해 잠시 논의할 예정이기 때문이다.

정리 ▐▬▬▬▬▬▬

16장에서는 UI 부문에서 자주 등장하는 슬라이드 메뉴를 리액트로 만들어봤다. 그 일부로서 이벤트 처리나 상태 공유 등 컴포넌트 사이의 상호작용에 대해서 좀 더 알게 됐다. 앞으로 예제를 보면서 알게 되겠지만 지금의 예제보다 리액트로 할 수 있는 더 많은 일은 별로 없다. 즉, 앞으로 남은 건 지금까지의 개념을 영리하게 조합해 좀 더 복잡한 시나리오에 적용하는 방법을 익히는 일이다. 그렇다고 모든 걸 다 배웠다는 말은 아니다. 리액트로 할 수 있는 일과 이해해야 할 예제가 더 있기 때문이다.

> **노트: 무엇이든 물어보세요!**
>
> 어떤 궁금증이 있거나 코드가 예상대로 잘 작동하지 않는다면 망설이지 말고 질문하기 바란다.
> https://forum.kirupa.com에 질문을 올리면 인터넷상의 친절하고 똑똑한 사람들로부터 도움을 받을 수 있다!

17

불필요한 렌더링 방지

이 말을 듣는 일도 이젠 지쳤겠지만, 빠른 DOM 성능은 리액트의 가장 눈부신 업적 중하나다. 그러나 그 성능을 공짜로 얻을 수 있다는 의미는 아니다. 리액트가 많은 힘든 일을 처리하고 있지만 우리도 앱에 불필요하거나 느리게 만드는 부분이 있는지 확인하는 의식적인 단계를 밟아야 하기 때문이다. 가장 큰 단계 중 하나는 각 컴포넌트의 render 메소드가 정말 필요할 때에만 호출되게 하는 일과 관련이 있다. 이제부터 왜 그게 문제가되며, 어떻게 조치할 수 있는지를 살펴볼 것이다.

render 메소드의 정체

render 메소드의 공식적인 역할은 아주 간단하다. 바로 각 컴포넌트를 보여주는 일과 부모 컴포넌트로 리턴하기 위한 JSX 생성을 돕는 일이다. 처음 컴포넌트들로 시작해 완성된 앱까지의 전체 작업 흐름을 대략적으로 보자면 다음 그림과 같다.

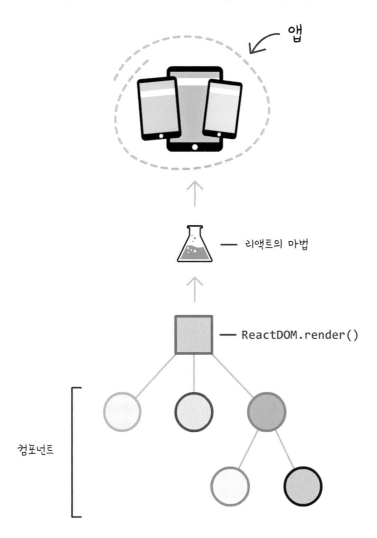

한쪽 끝에는 완성된 앱이 있다. 다른 한쪽 끝에는 컴포넌트들이 있다. 그 모든 컴포넌트의 내부에는 다른 컴포넌트로부터 받은 JSX와 조합된 JSX의 조각이나 덩어리를 리턴하는 render 메소드가 존재한다. 이 과정은 RenderDOM.render를 호출했던 컴포넌트 계층도의 최상위에 제공할 최종 JSX가 만들어질 때까지 반복된다. 그리고 그 지점에서 리액트의 마법으로 모든 JSX가 브라우저에서 보일 HTML, CSS, JS로 변환된다.

리액트의 원리에 대한 아주 기본적인 개념을 얻었으니 이제 컴포넌트와 그 render 메소드가 서식하는 수풀로 돌아가자. 지금까지 작성한 모든 리액트 코드에서 어떤 컴포넌트에서도 render 메소드를 명시적으로 호출한 적이 없다는 사실을 알아챘을 것이다. render 메소드의 호출은 일종의 자동 처리와 같기 때문이다. 좀 더 자세히 살펴보자. render 메소드가 자동으로 호출되는 경우는 다음 세 가지다.

1. 컴포넌트의 속성이 갱신된 경우
2. 컴포넌트의 상태 속성이 갱신된 경우
3. 부모 컴포넌트의 render 메소드가 호출된 경우

세 가지 모두 컴포넌트의 render 메소드가 자동으로 호출돼도 좋을 타당한 경우로 보인다. 그렇다면 세 경우 모두 비주얼의 상태 변경을 일으킨다는 걸까?

이에 대한 답변은 "상황에 따라 다름"이다. 컴포넌트는 매우 자주 다시 렌더링될 것을 강요받는다. 심지어 아무 관계가 없는 속성이나 상태가 변경된 경우조차 말이다. 반면 어떤 상황에서는 부모 컴포넌트가 렌더링되거나 다시 렌더링돼도 부모 자신에서 그치는 경우도 있다. 자식 컴포넌트에 영향을 주지 않는 경우 렌더링을 강요하지 않는다는 말이다.

이제 바로 우리 앞에 있었던 불필요한 작업에 대한 놀라운 장면을 그려보려고 한다. 한 가지 유념해야 할 사항은 render 메소드가 호출되는 것과 DOM이 최종적으로 갱신되는 것은 서로 다른 일이라는 점이다. 리액트는 실제 변경해야 할 사항만을 가리기 위해 DOM의 이전 버전과 현재 버전을 비교함에 있어서 몇 가지 단계를 거친다. 그 몇 가지 단계란 모두 무언가 작업을 수행하는 것이며, 많은 컴포넌트를 포함하는 복잡한 앱일수록 다시 시작시켜야 할 인스턴스가 많다는 의미다. 그와 같은 작업의 일부는 리액트의 내부에서 수행된다. 다른 일부는 우리가 render 메소드에서 해줘야 할 중요한 것들이다. 우리가 종종 적합한 JSX 생성에 도움을 주는 코드를 작성했듯 말이다. render 메소드가 아무 평가나 계산도 없는 정적인 JSX 조각만을 리턴하는 경우는 거의 없다. 따라서 불필요한 render 호출을 최소화하는 것은 바람직한 일이다.

render 호출의 최적화

문제를 인식했으니 이제 반드시 필요한 경우에만 render 메소드가 호출되게 하는 방법들을 다음 절부터 알아보자.

예제로 시작하기

최적화 방법을 이해하기 위해 예제 하나를 사용할 것이다. 바로 이전에 만들었던 슬라이드 메뉴다. 아직 갖고 있다면 에디터로 소스를 열 준비를 하자.

만약 해당 프로젝트가 없다면 create-react-app을 사용해 새 리액트 프로젝트를 만들고 필자의 깃허브^{Github} 저장소(https://github.com/kirupa/kirupa/tree/master/reactjs/slidingmenu_css)로부터 src와 public 폴더를 받아 덮어쓰기 바란다.

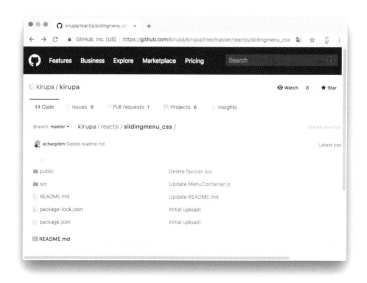

슬라이드 메뉴 프로젝트가 준비됐다면 브라우저를 열고 앱이 잘 작동하는지 확인해본다.

혹시 16장의 슬라이드 메뉴 제작을 다 진행하지 않았다면, 되돌아가서 완성하기를 권한다. 직접 앱을 개발하면서 구현 과정 중에 선택한 사항과 코드의 작동 원리를 이해하는 일이 더 중요하기 때문이다. 16장을 완전히 이해하지 않고 진행해도 좋다. 다만 그럴 경우 다소 이상해 보이는 코드를 만나더라도 필자를 원망하지 말기 바란다.

다음은 이전에도 봤던 슬라이드 메뉴 앱의 컴포넌트 계층도다.

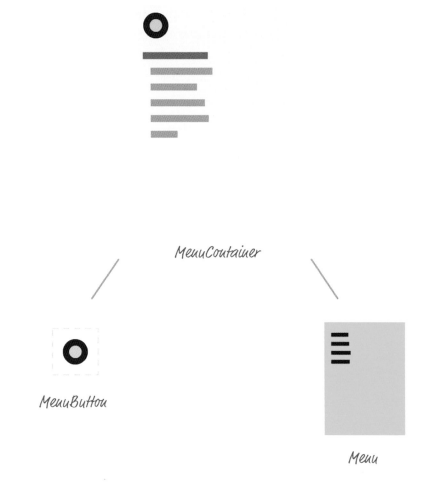

최상위 컴포넌트는 MenuContainer이며, MenuButton과 Menu라는 두 자식 컴포넌트가 있다. 또한 그림에는 나타나 있지 않지만 index.js 안에는 MenuContainer를 DOM에 노출시키는, 다음과 같은 ReactDOM.render 호출부가 존재한다.

```
ReactDOM.render(
  <MenuContainer/>,
  document.getElementById("container")
);
```

MenuButton에 의해 렌더링된 버튼이 클릭되면 MenuContainer 안의 visible이라고 하는 상태 속성의 값이 true로 설정된다. 이 상태 속성의 변경으로 인해 Menu 컴포넌트의 class값이 갱신되며, 따라서 메뉴를 화면 안으로 들어오게 하는 CSS가 활성화된다. 메뉴의 어떤 곳이든 클릭되면 MenuContainer의 상태 속성에 false가 설정되면서 다시 원래대로 돌아가는 절차를 밟는다.

render 호출의 이해

가장 먼저 보고자 하는 것은 render 호출이 이뤄지는 과정이다. 이를 보기 위한 여러 방법이 있다. 예를 들어 코드의 특정 위치에 중단점을 지정하고 브라우저의 개발자 도구를 사용해 결과를 관찰하는 방법이다. 아니면 크롬이나 파이어폭스^{Firefox}용 리액트 개발자 도구^{React Developer Tools}(https://github.com/facebook/react-devtools)를 설치해 각 컴포넌트를 관찰하는 방법도 있다. 또한 render 메소드 안에 console.log 구문을 넣어 콘솔에서 확인하는 아주 간단한 방법도 있다.

이 예제에는 고작 세 개의 컴포넌트만 있으므로 지금은 로그를 사용하는 방법이 간편할 것이다. 그럼 코드 에디터에서 MenuContainer.js, MenuButton.js, Menu.js, 이 세 파일을 열고 각각의 render 메소드 부분으로 스크롤을 내려보자. 이 메소드의 첫 번째 라인에 다음과 같은 console.log 호출 로직을 추가할 것이다.

먼저 MenuContainer.js의 render 메소드에 다음 강조된 라인을 추가한다.

```
render() {
  console.log("Rendering: MenuContainer");
  return (
    <div>
      <MenuButton handleMouseDown={this.handleMouseDown}/>
      <Menu handleMouseDown={this.handleMouseDown}
            menuVisibility={this.state.visible} />
      <div>
        <p>Can you spot the item that doesn't belong?</p>
```

```
      <ul>
        <li>Lorem</li>
        <li>Ipsum</li>
        <li>Dolor</li>
        <li>Sit</li>
        <li>Bumblebees</li>
        <li>Aenean</li>
        <li>Consectetur</li>
      </ul>
    </div>
  </div>
  );
}
```

이번엔 MenuButton.js의 차례다.

```
render() {
  console.log("Rendering: MenuButton");

  return (
    <button id="roundButton"
            onMouseDown={this.props.handleMouseDown}></button>
  );
}
```

마지막으로 Menu.js에도 다음과 같이 추가한다.

```
render() {
  console.log("Rendering: Menu");

  var visibility = "hide";

  if (this.props.menuVisibility) {
    visibility = "show";
  }

  return (
    <div id="flyoutMenu"
         onMouseDown={this.props.handleMouseDown}
```

```
      className={visibility}>
    <h2><a href="/">Home</a></h2>
    <h2><a href="/">About</a></h2>
    <h2><a href="/">Contact</a></h2>
    <h2><a href="/">Search</a></h2>
  </div>
);
}
```

모두 추가했다면 브라우저에서 앱을 실행시키자. 그다음엔 개발자 도구를 열어 콘솔의
내용을 확인하기 바란다.

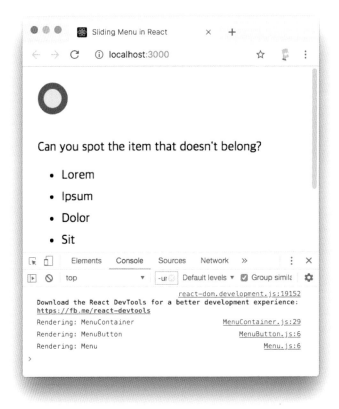

경고라던가 기타 다른 메시지들도 있을 수 있지만, 우리가 추가한 console.log 구문의 출력 메시지에 관심을 두기 바란다. 처음 앱을 구동하면 세 개 컴포넌트 각자의 render 메소드가 호출됐음을 알 수 있다. 이는 앱이 처음 로딩됐으므로 당연한 결과다.

콘솔을 열어 놓은 채로 화면의 동그란 파란 버튼을 클릭해 메뉴를 불러오기 바란다. 그리고 콘솔의 내용을 다시 보면, 다음 강조된 라인과 같은 추가 메시지들을 볼 수 있다.

Rendering: MenuContainer

Rendering: MenuButton

Rendering: Menu

clicked

Rendering: MenuContainer

Rendering: MenuButton

Rendering: Menu

이미 handleMouseDown 이벤트 핸들러가 호출되면 "clicked"가 출력되게 해놨었다. 클릭됐다는 사실 자체가 중요하지는 않지만, 일련의 render 호출 그룹 사이를 구분해주는 역할로는 아주 좋다. 그렇다면 메뉴가 나타나면서 다시 세 컴포넌트의 render 메소드가 호출됐다는 사실을 알 수 있을 것이다. 이번엔 메뉴를 클릭해 사라지게 하자. 또 다시 세 개의 render 메소드가 호출됐음을 알 수 있다. 왠지 옳지 않아 보이지 않는가?

메뉴의 속성과 상태를 변경하는 부분이 MenuContainer 안에 있기 때문에 두 자식 컴포넌트의 render 메소드도 호출되는 현상이 현재로서는 당연하다. 그러나 정말 MenuButton 컴포넌트의 render 메소드가 매번 호출될 필요가 있을까?

MenuContainer의 render 메소드를 보면 MenuButton 컴포넌트를 호출하면서 값이 변경되지 않을 속성을 전달하고 있다.

```
<MenuButton handleMouseDown={this.handleMouseDown}/>
```

handleMouseDown 메소드의 값, 즉 메소드 코드 자체는 메뉴가 열리거나 닫힐 때마다 매번 바뀌지 않는다. 그럼에도 MenuButton의 render 메소드가 호출되는 이유는 그 부모인 MenuContainer 때문이다. 부모의 render 메소드가 호출되면 모든 자식 컴포넌트의

render 메소드도 호출되는 것이 기본이다. 기억할지 모르겠지만 초반에 얘기했던 render 메소드가 자동으로 호출되는 경우의 3번에 해당한다.

그렇다면 MenuButton의 render 메소드가 불필요하게 호출되는 일을 방지하려면 어떻게 해야 할까? 곧 알게 되겠지만 두 가지 방법이 있다.

shouldComponentUpdate 재정의

이전에 리액트의 다양한 생명주기 메소드를 공부했는데, 그 가운데 하나로 shouldComponentUpdate가 있었다. 이 메소드는 render 메소드의 호출 직전에 호출되며, 이 메소드가 false를 리턴하게 하면 render 메소드의 호출을 막을 수 있다. 그렇게 하기 위해 shouldComponentUpdate 메소드를 재정의해보자.

MenuButton 컴포넌트 안에 다음 강조된 라인들을 추가한다.

```
import React, { Component } from "react";
import "./MenuButton.css";

class MenuButton extends Component {
  shouldComponentUpdate(nextProps, nextState) {
    return false;
  }

  render() {
    console.log("Rendering: MenuButton");

    return (
      <button id="roundButton"
              onMouseDown={this.props.handleMouseDown}></button>
    );
  }
}

export default MenuButton;
```

앱을 다시 테스트해보기 바란다. 메뉴를 나타나게 하거나 감추게 하면서 콘솔에 찍히는 메시지를 유심히 보기 바란다. 페이지가 로딩된 후 처음 메뉴를 나타나게 하면 콘솔의 내용은 다음과 같을 것이다.

Rendering: MenuContainer

Rendering: MenuButton

Rendering: Menu

clicked

Rendering: MenuContainer

Rendering: Menu

보다시피 MenuButton 컴포넌트의 render 메소드가 호출되지 않았음을 알 수 있다. 아주 잘됐다. 너무 기뻐하기 전에 알아야 할 사실은 우리는 shouldComponentUpdate가 항상 false를 리턴하게 확실하게 못박았다는 점이다. 즉, 여기서는 우리의 의도에 부합하지만, 화면이 갱신돼야 하는 게 맞는 다른 어떤 상황에서 뜻하지 않게 render 메소드의 호출을 막을 수 있다는 점에 주의해야 한다는 말이다.

shouldComponentUpdate 메소드의 시그너처를 보면 두 개의 인자가 있음을 알 수 있다. 하나는 다음 속성 값, 다른 하나는 다음 상태 값이다. 따라서 이 두 인자를 이용해 현재와 미래를 비교함으로써 좀 더 지능적으로 render 호출 여부를 제어할 수 있다. MenuButton 의 경우엔 유일하게 전달되는 속성이 handleMouseDown의 값이다. 이 값의 변경 여부를 확인할 수 있게 shouldComponentUpdate 메소드를 다음과 같이 수정해보자.

```
shouldComponentUpdate(nextProps, nextState) {
  if (nextProps.handleMouseDown === this.props.handleMouseDown) {
    return false;
  } else {
    return true;
  }
}
```

이제 이 코드는 handleMouseDown의 값이 바뀌지 않은 경우에만 render를 호출하지 않게 개선됐다. 만약 handleMouseDown의 값이 바뀐다면 true를 리턴함으로써 render 메소드 의 호출이 이뤄질 것이다. 컴포넌트와 상황에 따라 render 메소드의 호출 여부를 결정하 는 다른 규칙을 사용할 수 있다. 필요하다면 얼마든지 자유롭게 만들기 바란다.

PureComponent 사용

관련된 속성이나 상태의 변화가 없음에도 컴포넌트가 다시 렌더링되는 경우는 흔하다. 우리의 MenuButton 역시 그중 하나다. 앞서 봤듯 shouldComponentUpdate를 재정의해 속성이나 상태의 변경 여부를 확인하게 하는 해법이 있다. 그러나 컴포넌트마다 매번 그런 식의 코딩을 하기 싫다면, 그와 같은 일을 자동으로 처리해주는 특별한 유형의 컴포넌트를 사용할 수 있다. 바로 PureComponent다.

지금까지 만들었던 모든 컴포넌트는 다음과 같이 Component를 기반으로 했다.

```
class Blah extends Component {
  render() {
    return (
      <h1>Hello!</h1>
    );
  }
}
```

이를 다음과 같이 PureComponent 기반으로 바꿀 수 있다.

```
class Blah extends PureComponent {
  render() {
    return (
      <h1>Hello!</h1>
    );
  }
}
```

이게 거의 전부다. 이제 이 컴포넌트는 속성이나 상태가 변경됐을 때에만 render를 호출하게 된다. 실제로 확인하려면 MenuButton의 기반 컴포넌트를 Component에서 PureComponent로 바꿔주기만 하면 된다.

먼저 MenuButton 컴포넌트에서 shouldComponentUpdate 메소드를 삭제하자. 더 이상 필요 없으니 말이다. 그리고 다음 강조된 라인과 같이 수정하자.

```
import React, { PureComponent } from "react";
import "./MenuButton.css";
```

```
class MenuButton extends PureComponent {
  render() {
    console.log("Rendering: MenuButton");

    return (
      <button id="roundButton"
              onMouseDown={this.props.handleMouseDown}></button>
    );
  }
}

export default MenuButton;
```

먼저 리액트 라이브러리의 import 구문에 Comonent 대신 PureComponent를 넣었다. 그 다음엔 MenuButton의 기반 컴포넌트를 PureComponent로 대체했다. 그게 전부다. 이제 앱을 테스트하면서 콘솔을 확인하기 바란다. 메뉴를 나타나게 하거나 사라지게 해도 MenuButton 컴포넌트의 render 메소드가 호출되지 않음을 볼 수 있을 것이다.

> **노트: PureComponent를 기본으로 사용하지 않는 이유**
>
> 앞서 봤듯 PureComponent는 참으로 놀랍다. 그렇다면 항상 Component 대신 PureComponent를 사용하면 되지 않을까? 사실 그렇게 해도 된다. 다만 여전히 Component를 고수하는 몇 가지 이유도 있다.
>
> 일단 PureComponent는 이른바 얕은 비교(shallow comparison)를 수행한다. 즉, 속성이나 상태의 변경 사항을 완벽하게 확인하지 않는다는 말이다. 이는 많은 경우에 큰 문제가 없으나, 어떤 경우에는 그렇지 않을 수 있다. PureComponent를 사용할 때에는 이와 같은 사실을 염두에 두기 바란다. 또한 shouldComponentUpdate를 재정의해 필요한 다른 업데이트 로직을 직접 작성해야 할 필요도 있을 수 있다. 그러나 PureComponent와 shouldComonentUpdate는 동시에 사용할 수 없다.
>
> PureComponent를 사용할 때의 더 큰 문제는 성능에 있다. 컴포넌트마다 속성이나 상태가 변경됐는지 확인하는 작업은, 설사 얕은 비교라 할지라도 연산 시간을 필요로 한다. 그 작업은 부모 컴포넌트가 렌더링될 때마다 자식 컴포넌트의 렌더링 여부를 결정하기 위해 매번 수행된다는 점을 기억하기 바란다. 특히 복잡한 UI일수록 그런 일은 더 자주 일어날 것이다.
>
> 한줄 요약: 위 두 가지 부작용만 주의한다면 기본적으로 PureComponent를 써도 문제없다.

정리

앱의 성능을 보장하려면 끊임없이 경계해야 한다. 수시로 앱의 성능을 프로파일링해야 하며 코드를 변경할 때마다 원하는 성능 목표가 달성되는지 확인해야 한다. 성능 최적화는 코드 관리의 상위 개념에 있어야 하며 앱의 일생에 걸쳐 조치가 이뤄져야 한다. 따라서 늘 의식하되, 과도한 최적화는 피하기 바란다. 목표 대상으로 삼는 (특히 저사양의) 디바이스와 브라우저에서 앱이 원활히 작동된다면 그걸로 임무는 완수된 것이기 때문이다. 굳이 더 나아가 추가적인 작업을 할 필요까지는 없다.

노트: 무엇이든 물어보세요!

어떤 궁금증이 있거나 코드가 예상대로 잘 작동하지 않는다면 망설이지 말고 질문하기 바란다.

https://forum.kirupa.com에 질문을 올리면 인터넷상의 친절하고 똑똑한 사람들로부터 도움을 받을 수 있다!

18

리액트 라우터를 이용한 싱글 페이지 앱 제작

리액트의 작동 원리에 대한 기본적인 내용은 잘 알고 있을 것이므로, 이제 몇 단계 수준을 더 높여보자. 18장에서 할 일은 리액트를 이용해 간단한 싱글 페이지 앱(SPA)을 만들어보는 것이다. 1장, '리액트 소개'에서 언급했듯 싱글 페이지 앱은 흔히 보던 멀티 페이지 앱과는 다르다. 가장 큰 차이는 싱글 페이지 앱을 내비게이션할 때는 완전히 새로운 페이지가 로딩되는 일이 없다는 점이다. 그 대신 동일한 페이지 안에서 인라인으로 뷰^{view}가 로딩된다.

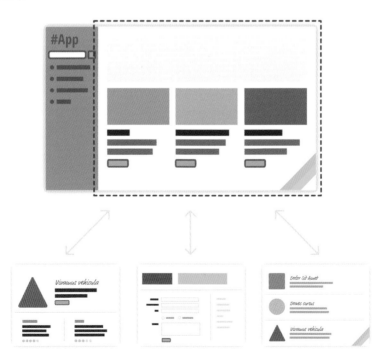

콘텐츠를 인라인으로 로딩할 때는 일이 좀 복잡해진다. 어려운 부분은 콘텐츠 자체가 아니다. 그건 오히려 상대적으로 쉽다. 싱글 페이지 앱이 사용자가 기대하는 일관된 방식으로 동작하게 해야 한다는 점이 어렵다. 좀 더 구체적으로 말하면, 앱을 내비게이션하는 사용자는 다음과 같은 기대를 한다.

1. 주소 표시줄에 보이는 URL은 항상 지금 보고 있는 화면의 진짜 URL과 같아야 한다.

2. 브라우저의 이전 버튼과 다음 버튼을 사용할 수 있어야 한다.

3. 정확한 URL을 사용해 특정 뷰(딥 링크^{deep link})를 바로 볼 수 있어야 한다.

멀티 페이지 앱에서 위 세 가지는 공짜로 얻는 사항이며, 추가로 해줘야 할 일이 전혀 없다. 그러나 싱글 페이지 앱에서는 페이지를 새로 로딩하지 않기 때문에 사용자가 기대하는 동작을 위해 위 세 가지 사항을 직접 구현해야 한다. 즉, 앱을 내비게이션하는 동안 정확한 URL을 보여줘야 하고, 각 내비게이션을 브라우저의 방문 기록에 추가되게 해서 사용자가 이전 버튼과 다음 버튼을 제대로 사용하게 해야 하며, 사용자가 특정 뷰를 북마크에 저장했을 경우 나중에 선택했을 때 정확히 그 뷰를 보여주게 해야 한다.

이 모든 걸 처리하기 위해서는 이른바 라우팅^{routing}이라는 기법을 사용해야 한다. 라우팅은 URL을 물리적인 페이지가 아닌, 싱글 페이지 앱에서의 개별 뷰와 매핑하는 기법이다. 복잡해 보이지만, 다행히 이를 가능하게 하는 여러 자바스크립트 라이브러리가 있다. 그중 하나는 18장에서 사용할 리액트 라우터^{React Router}(https://github.com/ReactTraining/react-router)다. 리액트 라우터는 리액트로 만든 싱글 페이지 앱에 라우팅 기능을 제공하며, 리액트에 대한 사전 지식을 확장해 익숙한 방법으로 라우팅 기능을 사용할 수 있게 해준다. 이 장에서는 이 모든 사항을 배울 것이며, 그 외의 추가적인 내용도 알아볼 것이다.

그럼 시작하자!

예제

진행하기 전에 먼저 예제부터 살펴보자. https://www.kirupa.com/react/examples/react_router/index.html을 방문해보기 바란다.

이 예제는 리액트 라우터를 사용해 내비게이션과 뷰 로딩의 미덕을 보여주는 간단한 리액트 앱이다.

각 링크를 클릭해 관련된 콘텐츠를 로딩해보기 바란다. 또한 이전 버튼과 다음 버튼도 사용해 제대로 동작하는지 자유롭게 확인하기 바란다.

다음 절부터 이 앱을 여러 부분으로 나눠 만들어 갈 것이다. 마지막에 가서는 이 앱을 완성시킬 뿐만 아니라, 리액트 라우터를 사용해 멋지고 놀라운 앱을 개발하는 방법을 습득하게 될 것이다.

시작하기

우선 프로젝트를 준비해야 한다. 알다시피 create-react-app 명령을 사용하면 된다. 터미널에서 프로젝트를 만들 위치로 이동해 다음 명령을 실행하자.

```
create-react-app react_spa
```

react_spa라는 폴더 안에 새 프로젝트가 만들어 졌을 것이다. 이 폴더로 들어가자.

```
cd react_spa
```

평상시 같으면 깨끗한 출발을 위해 자동 생성된 콘텐츠를 삭제할 시점이다. 이번에는 그에 앞서 리액트 라우터를 먼저 설치하자. 다음과 같은 명령을 실행하면 된다.

```
npm i react-router-dom --save
```

이렇게 하면 적합한 리액트 라우터 파일들이 복사되고 package.json에 등록돼, 우리 앱에서 리액트 라우터를 사용할 수 있게 된다.

깨끗한 상태에서 시작하기 위해 프로젝트를 정리할 시간이다. public과 src 폴더 안의 모든 파일들을 삭제하자. 그다음은 앱의 시작점 역할을 하는 index.html 파일을 만들 차례다. public 폴더 안에 index.html 파일을 만들고 다음 내용을 추가하자.

```
<!DOCTYPE html>
<html>

<head>
  <meta charset="utf-8">
  <meta name="viewport"
      content="width=device-width, initial-scale=1, shrink-to-fit=no">
  <title>React Router Example</title>
</head>

<body>
  <div id="root"></div>
</body>

</html>
```

추가한 HTML을 잠시 훑어보면 아무 것도 놀랄 게 없을 것이다. 그다음엔 자바스크립트의 시작점을 만들 차례다. src 폴더 안에 index.js라는 파일을 만들고 다음 내용을 추가하자.

```
import React from "react";
import ReactDOM from "react-dom";
```

```
import Main from "./Main";

ReactDOM.render(
  <Main/>,
  document.getElementById("root")
);
```

보다시피 ReactDOM.render 호출부가 있으며, Main 컴포넌트를 렌더링... 아, 아직은 그 컴포넌트가 없다. Main 컴포넌트는 리액트 라우터를 사용한 SPA 여행의 출발점이 될 것이며, 그 여행은 다음 절에서 시작할 것이다.

앱 구축

이 앱을 구축하는 방법은 지금까지의 방법과 다르지 않다. 먼저 메인에 해당하는 부모 컴포넌트를 만들 것이다. 각각의 "페이지"는 메인 컴포넌트에 정보를 반영할 개별 컴포넌트로 만들 것이다. 리액트 라우터가 부릴 마법은 기본적으로 어떤 컴포넌트를 보여주거나 숨길지 결정하는 일이다. 또한 이를 자연스럽고 매끄럽게 느껴지게 하기 위해 모든 내비게이션을 브라우저의 주소 창, 이전 버튼, 다음 버튼에 연동시킬 것이다.

초기 프레임 보여주기

싱글 페이지 앱에는 항상 정적으로 남아 있는 페이지의 일부가 존재한다. 그 정적인 부분을 앱 프레임^{app frame}이라고 한다. 앱 프레임은 모든 콘텐츠를 담는 컨테이너 역할의 HTML 엘리먼트이며 때때로 헤더, 푸터, 내비게이션 등을 포함하기도 한다. 이 예제에서 앱 프레임은 콘텐츠를 담을 빈 공간과 내비게이션 헤더를 위한 UI 엘리먼트를 포함하는 컴포넌트가 될 것이다.

이제 src 폴더 안에 Main.js라는 파일을 만들고 다음 내용을 추가하자.

```
import React, { Component } from "react";

class Main extends Component {
  render() {
    return (
      <div>
```

```
      <h1>Simple SPA</h1>
      <ul className="header">
        <li><a href="/">Home</a></li>
        <li><a href="/stuff">Stuff</a></li>
        <li><a href="/contact">Contact</a></li>
      </ul>
      <div className="content">

      </div>
    </div>
  );
  }
}

export default Main;
```

작성한 코드를 잠시 살펴보자. 약간의 HTML을 리턴하는 Main이라는 컴포넌트가 있다. 이를 실제로 보기 위해 npm start를 실행하고 브라우저를 확인하자.

다음과 같이 아직 스타일이 적용되지 않은 앱 제목과 리스트 아이템을 볼 수 있을 것이다.

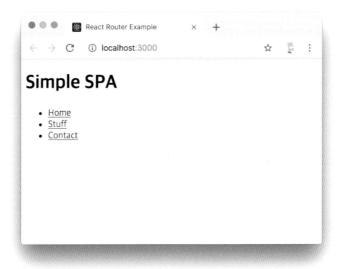

아무 화려함도 없고 적용된 스타일도 없지만 지금은 이걸로 충분하다. 스타일 적용은 나중에 할 예정이다. 중요한 건 아직 리액트 라우터와 관련된 어떤 코드도 없다는 점이다. 정말 없다!

콘텐츠 페이지 만들기

이 앱은 세 개의 콘텐츠 페이지를 갖는다. 각 콘텐츠는 약간의 JSX를 출력하는 간단한 컴포넌트가 될 것이다. 먼저 src 디렉터리에 Home.js라는 파일을 만들고 다음과 같은 식의 내용을 추가하자.

```
import React, { Component } from "react";

class Home extends Component {
  render() {
    return (
      <div>
        <h2>HELLO</h2>
        <p>Cras facilisis urna ornare ex volutpat, et
        convallis erat elementum. Ut aliquam, ipsum vitae
        gravida suscipit, metus dui bibendum est, eget rhoncus nibh
        metus nec massa. Maecenas hendrerit laoreet augue
        nec molestie. Cum sociis natoque penatibus et magnis
        dis parturient montes, nascetur ridiculus mus.</p>

        <p>Duis a turpis sed lacus dapibus elementum sed eu lectus.</p>
      </div>
    );
  }
}

export default Home;
```

그다음엔 역시 같은 위치에 Stuff.js라는 파일을 만들고 다음과 같은 식의 내용을 추가한다.

```
import React, { Component } from "react";

class Stuff extends Component {
```

```
      render() {
        return (
          <div>
            <h2>STUFF</h2>
            <p>Mauris sem velit, vehicula eget sodales vitae,
            rhoncus eget sapien:</p>
            <ol>
              <li>Nulla pulvinar diam</li>
              <li>Facilisis bibendum</li>
              <li>Vestibulum vulputate</li>
              <li>Eget erat</li>
              <li>Id porttitor</li>
            </ol>
          </div>
        );
      }
    }

export default Stuff;
```

이제 하나 남았다. Contact.js라는 파일을 만들고 다음 내용을 추가하자.

```
import React, { Component } from "react";

class Contact extends Component {
  render() {
    return (
      <div>
        <h2>GOT QUESTIONS?</h2>
        <p>The easiest thing to do is post on
        our <a href="http://forum.kirupa.com">forums</a>.
        </p>
      </div>
    );
  }
}

export default Contact;
```

이게 마지막 콘텐츠다. 추가한 코드를 보면 세 컴포넌트 모두 더 이상 간단할 수 없을 정도임을 알 수 있다. 단지 약간의 기본적인 JSX를 리턴할 뿐이니 말이다. 그럼 일단 세 파일을 모두 저장하자. 나중에 이 컴포넌트들을 활용하기 위해 다시 돌아올 것이다.

리액트 라우터 사용하기

앱 프레임의 역할은 Main 컴포넌트가 하며, 각 콘텐츠 페이지는 Home, Stuff, Contact 컴포넌트에 의해 표현된다. 이 컴포넌트들이 하나로 묶여 앱이 완성돼야 하는데, 바로 여기에 리액트 라우터가 등장한다. 리액트 라우터와 각 컴포넌트를 사용하기 위해 Main.js로 돌아가 다음과 같은 import 구문들을 추가하자.

```
import React, { Component } from "react";
import {
  Route,
  NavLink,
  HashRouter
} from "react-router-dom";
import Home from "./Home";
import Stuff from "./Stuff";
import Contact from "./Contact";
```

보다시피 이미 설치했던 react-router-dom이라는 NPM 패키지로부터 Route, NavLink, HashRouter를 임포트했다. 또한 Home, Stuff, Contact 컴포넌트도 임포트해 콘텐츠 로딩을 위해 참조할 수 있게 했다.

리액트 라우터는 필자가 라우팅 영역^{routing region}이라고 부르는 것을 정의함으로써 작동한다. 이 영역 안에는 다음 두 가지가 존재한다.

1. 내비게이션 링크

2. 콘텐츠를 로딩하는 컨테이너

내비게이션 링크의 URL과 로딩될 콘텐츠 사이에는 밀접한 상관관계가 있다. 그러나 직접 코드를 작성해 읽어보지 않고 이를 쉽게 설명할 방법은 없다.

먼저 라우팅 영역을 정의해야 한다. Main 컴포넌트의 render 메소드에 다음 강조된 라인들을 추가하자.

```
class Main extends Component {
  render() {
    return (
      <HashRouter>
        <div>
          <h1>Simple SPA</h1>
          <ul className="header">
            <li><a href="/">Home</a></li>
            <li><a href="/stuff">Stuff</a></li>
            <li><a href="/contact">Contact</a></li>
          </ul>
          <div className="content">

          </div>
        </div>
      </HashRouter>
    );
  }
}
```

HashRouter 컴포넌트는 내비게이션과 브라우저의 페이지 이력을 다루기 위한 기반을 제
공한다. 그다음엔 내비게이션 링크를 정의해야 한다. 기존에 이미 a 엘리먼트로 정의한
리스트가 있는데, 이 리스트에 좀 더 특별한 NavLink 컴포넌트를 적용해야 한다. 이를 위
해 다음 강조된 라인들과 같이 리스트를 수정하자.

```
class Main extends Component {
  render() {
    return (
      <HashRouter>
        <div>
          <h1>Simple SPA</h1>
          <ul className="header">
            <li><NavLink to="/">Home</NavLink></li>
            <li><NavLink to="/stuff">Stuff</NavLink></li>
            <li><NavLink to="/contact">Contact</NavLink></li>
          </ul>
          <div className="content">
```

```
        </div>
      </div>
    </HashRouter>
  );
  }
}
```

각 링크에서 라우터에게 내비게이션을 요청하는 URL에 주목하기 바란다. to 속성으로 정의된 이들 URL값은 정확히 해당하는 콘텐츠를 로딩하기 위한 식별자 역할을 한다. 이는 Route 컴포넌트를 사용해 URL을 콘텐츠와 연결함으로써 가능하다. 이제 Main 컴포넌트에 다음 강조된 라인들을 추가하자.

```
class Main extends Component {
  render() {
    return (
      <HashRouter>
        <div>
          <h1>Simple SPA</h1>
          <ul className="header">
            <li><NavLink to="/">Home</NavLink></li>
            <li><NavLink to="/stuff">Stuff</NavLink></li>
            <li><NavLink to="/contact">Contact</NavLink></li>
          </ul>
          <div className="content">
            <Route path="/" component={Home}/>
            <Route path="/stuff" component={Stuff}/>
            <Route path="/contact" component={Contact}/>
          </div>
        </div>
      </HashRouter>
    );
  }
}
```

보다시피 Route 컴포넌트에는 path라는 속성이 있다. path에 지정된 값은 이 라우팅이 활성화될 때 결정된다. 라우팅이 활성화되면 component 속성에서 지정한 컴포넌트의 렌더링이 시작된다. 예를 들어 NavLink 컴포넌트의 to 속성에서 /stuff라고 지정했던 경로를 가지는 Stuff 링크가 클릭되면 path의 값 역시 /stuff인 라우팅이 활성화된다. 이는 Stuff 컴포넌트의 콘텐츠가 렌더링될 것임을 의미한다.

이 모든 것은 브라우저로 돌아가보면 확인할 수 있다. 아무 링크나 클릭하면서 콘텐츠가 로딩되거나 사라지는지 보기 바란다. 뭔가 이상하지 않은가? Home의 콘텐츠는 다른 두 링크를 클릭해도 항상 보인다는 점 말이다.

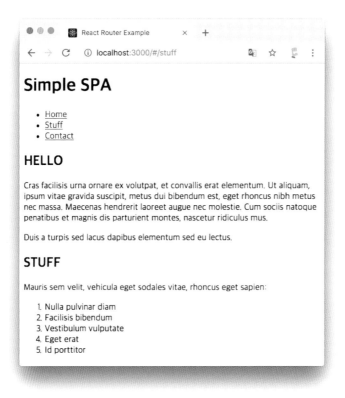

뭔가 문제가 있다. 다음 절부터 리액트 라우터를 한 단계 더 깊이 사용하면서 그 문제를 해결하고, 그 밖의 여러 작은 작업들을 해볼 것이다.

소소한 작업들

앞 절에서 싱글 페이지 앱을 어느 정도 갖춰 놓았다. HashRouter 컴포넌트로 라우팅 영역을 완전히 감쌌으며, 링크 자체와 링크가 로딩되는 장소를 NavLink와 Route 컴포넌트를 사용해 분리시켰다. 어느 정도 갖춰진 것과 완전하게 작동하는 것은 엄연히 다른 얘기다. 다음 절부터 완전히 작동하는 예제를 만들기 시작해보자.

라우팅 문제 해결

앞 절에서 라우팅에 버그가 있음을 인지했다. Home 컴포넌트 로딩을 위한 경로가 /이므로 Home 컴포넌트의 콘텐츠가 항상 나타난다는 점 말이다. Stuff와 Contact 컴포넌트 역시 경로가 /로 시작한다. 이는 어느 내비게이션 경로든 항상 Home 컴포넌트도 부합된다는 의미다. 이는 간단히 해결할 수 있다. 바로 Home 콘텐츠를 나타내는 Route 컴포넌트에 다음과 같이 exact 속성을 추가하는 방법이다.

```
<div className="content">
  <Route exact path="/" component={Home}/>
  <Route path="/stuff" component={Stuff}/>
  <Route path="/contact" component={Contact}/>
</div>
```

이 속성은 전체 경로가 정확히 부합할 때에만 Route가 활성화되게 한다. 이제 앱을 다시 테스트해보면, 앱이 Home 뷰에 있을 때에만 Home의 콘텐츠가 보여짐을 확인할 수 있을 것이다.

약간의 CSS 추가

현재 이 앱은 아무런 스타일도 적용되지 않은 상태인데, 이 역시 쉽게 개선할 수 있다. src 폴더에서 index.css라는 파일을 만들고 다음 스타일 규칙들을 추가하자.

```
body {
  background-color: #FFCC00;
  padding: 20px;
  margin: 0;
}
```

```css
h1, h2, p, ul, li {
  font-family: sans-serif;
}
ul.header li {
  display: inline;
  list-style-type: none;
  margin: 0;
}
ul.header {
  background-color: #111;
  padding: 0;
}
ul.header li a {
  color: #FFF;
  font-weight: bold;
  text-decoration: none;
  padding: 20px;
  display: inline-block;
}
.content {
  background-color: #FFF;
  padding: 20px;
}
.content h2 {
  padding: 0; margin: 0;
}
.content li {
  margin-bottom: 10px;
}
```

이제 이 스타일시트를 앱에서 참조하게 하면 된다. index.js의 윗부분에 다음과 같이 import 구문을 추가하자.

```js
import React from "react";
import ReactDOM from "react-dom";
import Main from "./Main";
import "./index.css";

ReactDOM.render(
```

```
  <Main/>,
  document.getElementById("root")
);
```

모든 변경 사항을 저장하고 앱을 테스트해보자. 이전과 다른 모습을 볼 수 있을 것이다.

거의 다 왔다! 이제 몇 가지만 더 하면 된다.

활성화된 링크의 강조

지금은 현재 로딩된 콘텐츠에 대한 링크가 어느 것인지 구분하기 힘들다. 따라서 일종의 시각적인 단서가 있다면 좋을 것이다. 리액트 라우터의 제작자 역시 이미 그런 생각을 했다. 원래 링크는 클릭되면 자동으로 클래스의 값에 active가 할당된다.

예를 들어 클릭된 Stuff를 HTML로 표현하면 다음과 같은 모습일 것이다.

```
<a aria-current="true" href="#/stuff" class="active">Stuff</a>
```

그렇다면 엘리먼트의 클래스 값이 active로 설정된 경우에만 적절한 스타일을 적용하면 될 것이다. 그렇게 하기 위해 index.css로 돌아가 끝 부분에 다음 스타일 규칙을 추가하자.

```css
.active {
  background-color: #0099FF;
}
```

이 스타일 규칙을 추가했으면 저장한 뒤 브라우저에서 테스트해보기 바란다. 현재 보이는 콘텐츠에 해당하는 활성화된 링크가 파란색으로 강조된 모습을 볼 수 있을 것이다. 그런데 Home 링크도 항상 강조되고 있음을 알 수 있다. 이는 분명히 잘못됐다. 이 문제의 해결도 간단한데, 단지 Home 콘텐츠를 나타내는 NavLink 컴포넌트에 exact 속성을 추가하기만 하면 된다.

```
<li><NavLink exact to="/">Home</NavLink></li>
<li><NavLink to="/stuff">Stuff</NavLink></li>
<li><NavLink to="/contact">Contact</NavLink></li>
```

다시 브라우저로 돌아가보자. 이제 Home 콘텐츠가 보일 때만 Home 링크가 강조됨을 볼 수 있을 것이다.

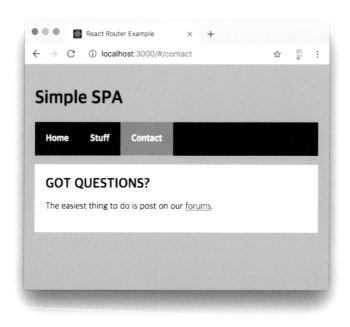

이로써 리액트 라우터를 사용해 싱글 페이지 앱을 완전히 구축했다. 앗싸!

정리

18장에서는 싱글 페이지 앱을 구축하면서 리액트 라우터의 멋진 기능에 대한 상당한 지식을 얻었다. 그렇다고 더 이상 얻을 수 있는 흥미로운 사항들이 없다는 말은 아니다. 이 장에서 만든 앱은 매우 간단하며 그다지 대단하지 않은 라우팅 기능만을 구현했기 때문이다. 사실 리액트 라우터는 훨씬 더 많은 기능을 제공한다. 따라서 더욱 복잡한 싱글 페이지 앱을 만들고자 한다면 반드시 시간을 들여 리액트 라우터의 문서(https://reacttraining.com/react-router/web/guides/quick-start)와 예제를 참고하기 바란다.

> **노트: 무엇이든 물어보세요!**
>
> 어떤 궁금증이 있거나 코드가 예상대로 잘 작동하지 않는다면 망설이지 말고 질문하기 바란다. https://forum.kirupa.com에 질문을 올리면 인터넷상의 친절하고 똑똑한 사람들로부터 도움을 받을 수 있다!

리덕스 소개

역사상 가장 위대한 러브스토리는 로미오와 줄리엣 사이에서의 얘기가 아니다. 또한 책이나 영화에 나오는 그 어떤 인물들 사이에서의 얘기도 아니다. 실제로는 리액트와 머나먼 땅에서 온 신비의 유랑자인 리덕스Redux 사이의 러브스토리가 가장 위대하다.

THE
MOST EX-
cellent and lamentable
Tragedie, of React
and *Redux*.

*Newly corrected, augmented, and
amended*:

As it hath bene sundry times publiquely acted, by the
right Honourable the Lord Chamberlaine
his Seruants.

LONDON
Printed by Thomas Creede, for Cuthbert Buiby, and are to
be sold at his shop neare the Exchange.
1599.

지금쯤이면 리액트의 작동 원리와 역할에 대해 충분히 알고 있을 것이다. 그러나 지금까지 리덕스에 대해 얘기한 적은 없었다. 따라서 리액트와 리덕스가 함께 어울릴 수 있는 이유를 파악하기 전에, 먼저 리덕스가 무엇인지 알아봐야겠다.

리덕스란 무엇인가

우리가 지금까지 배운 모든 것 중 한 가지만 꼽아 말하자면, 바로 애플리케이션의 상태 관리 그리고 UI와의 일관성 유지가 중대한 과제라는 점이다. 이 과제를 부분적으로나마 해결하는 것이 리액트와 같은 라이브러리들의 존재 이유 중 하나다. 좀 더 넓은 관점에서 UI 계층 너머까지 바라본다면 애플리케이션 상태 관리가 대개는 어려운 일이라는 사실을 알게 될 것이다. 일반적인 앱은 많은 계층을 가지며, 각 계층은 자신의 기능을 수행하기 위해 저마다 어떤 데이터에 의존하기 때문이다.

앱의 기능과 상태 사이의 관계를 시각화하면 마치 다음 그림과 같은 복잡한 모습일 것이다.

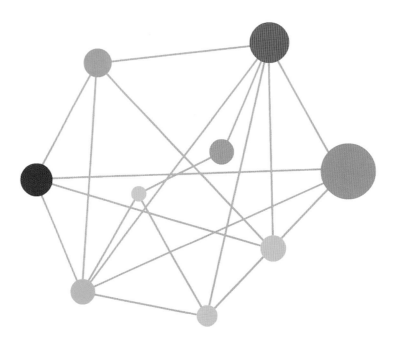

애플리케이션 상태 관리라는 좀 더 보편적인 문제의 해결을 위해 사용할 수 있는 것이
바로 리덕스다. 리덕스의 원리를 이해하는 가장 쉬운 방법은 실제로 사용하면서 파악하
는 것이다. 그러자면 일단 앱이 필요하다.

이 앱은 아무런 특별할 게 없다. 리액트든, 앵귤러^{Angular}든, 뷰^{Vue}든, 순수 JS든, 아니면 당
장 이번 주에 새로 출시된 어떤 라이브러리나 프레임워크를 사용해도 이 앱을 만들 수
있을 것이다. 리덕스는 그걸 상관하지 않는다는 점이 중요하다. 리덕스는 오직 애플리케
이션 상태를 다루고 저장하는 마법을 앱에 부여하는 일만 신경 쓴다. 리덕스 세계에서는
모든 애플리케이션 상태를 스토어^{Store}라고 하는 단일한 장소에 저장한다.

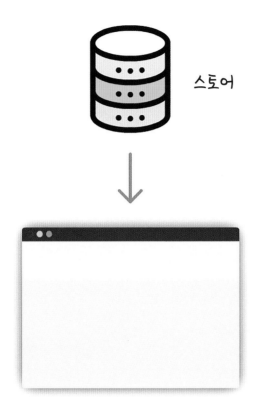

스토어

스토어로부터 데이터를 읽는 일은 쉬우나, 정보를 스토어에 저장하는 일은 완전히 다른 얘기다. 스토어에 새로운 상태 정보를 추가하거나 기존 상태를 변경하는 일은 무엇이 변경됐는지 기술하는 액션action과 그 액션의 결과로 최종 상태를 결정하는 리듀서reducer의 조합을 사용해 가능하다. 이를 그림으로 표현하면 마치 다음과 같은 식일 것이다.

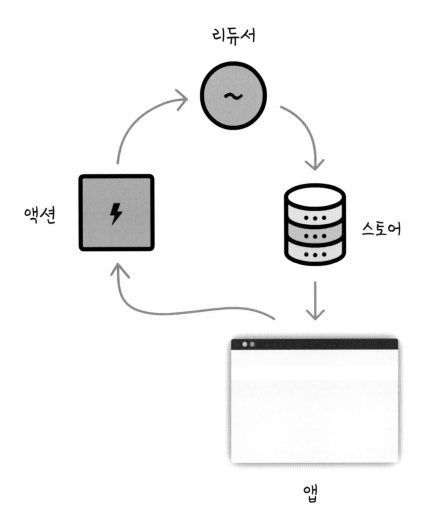

이 그림에 빠진 조각들이 있긴 하지만, 스토어에 저장된 상태를 갱신하는 흐름을 추측하기엔 괜찮다. 그러나 그림을 보면 왜 이렇게 우회하면서 간접적으로 일을 처리하는지 궁금할 것이다. 왜 다음 그림처럼 직접 스토어에 접근해 갱신하지 않는 걸까?

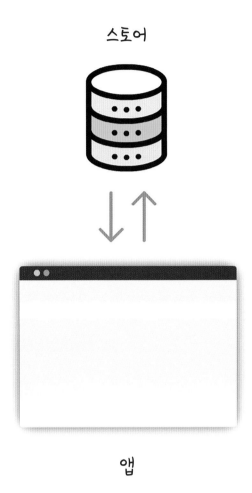

그 이유는 확장성 때문이다. 아무리 간단한 앱이라도 애플리케이션의 상태 관리는 번거로운 일이다. 게다가 복잡한 앱에서는 서로 다른 부분에서 각자 애플리케이션의 상태에 접근하고 변경해야 할 수도 있다. 그러나 걱정할 필요는 없다. 간단한 앱이든 복잡한 앱이든 애플리케이션의 상태 저장을 쉽게 해주는 리덕스의 해법이 있기 때문이다. 또한 단지 쉽다는 점을 넘어 리덕스는 애플리케이션의 상태를 예측 가능하게 관리해준다. 리덕스의 제작자인 댄 아브라모프Dan Abramov와 앤드류 클락Andrew Clark은 그런 예측 가능하다는 의미를 다음과 같이 해석한다.

1. 애플리케이션의 모든 상태는 하나의 장소에 저장된다. 즉, 상태의 일부를 갱신하기 위해 다양한 데이터 저장소를 찾아 다니지 않아도 된다는 의미다. 또한 단일한 장소에 모든 상태를 저장하게 되면 그 상태 데이터의 정합성 문제도 걱정할 필요가 없다.

2. 상태는 읽기 전용이며 오직 액션을 통해서만 변경된다. 이전 그림에서 봤듯 리덕스 세계에서는 앱의 어떤 일부가 스토어에 직접 접근해 상태를 변경하게 하면 안 된다. 스토어 안의 데이터를 변경할 수 있는 유일한 방법은 액션에 의존하는 것이다.

3. 반드시 마지막 상태가 지정돼야 한다. 쉽게 말하자면, 상태는 결코 수정되거나 변형되지 않는다. 따라서 반드시 리듀서를 사용해 마지막 상태를 지정해야 한다.

이 세 원칙이 다소 추상적으로 들릴 수 있겠지만, 리덕스 코드를 직접 작성하면 그 실제 의미를 이해하게 될 것이다.

리덕스를 사용한 앱 제작

이제 앞서 봤던 모든 그림과 텍스트를 실제 코드로 구현하고자 한다. 여기서 만들 앱은 리덕스가 어떤 UI 없이도 콘솔을 사용하는 간단한 앱에서 잘 작동한다는 사실을 보여줄 것이다. 이 앱은 선호하는 컬러를 저장하고 보여주는데, 사용자가 컬러를 추가하거나 삭제할 수도 있다. 이것으로도 충분할 것이다.

이는 마치 UI가 있었던 이전의 앱 구축으로부터 한 발 후퇴하는 것으로 보일 수 있으나, 사실 이 앱을 통해 모든 이론적인 리덕스 지식을 구체적인 코드로 만들 수 있다. 목표는 리덕스를 이해하는 일이니 말이다. 리덕스와 UI를 결합하는 복잡한 작업은 나중에 해볼 것이다.

리덕스 타임!

우선 리덕스 라이브러리를 참조하는 새로운 HTML 문서부터 준비해야 한다. 여기서 create-react-app이나 다른 멋진 빌드 시스템을 사용하지는 않을 것이다. 단지 브라우저로 확인할 수 있는 HTML 하나만 있으면 된다. 그럼 이제 본인이 사용하는 코드 에디터로 favoriteColors.html이라는 파일을 만들어 다음 내용을 작성하자.

```
<!DOCTYPE html>
<html>

<head>
  <title>Favorite Colors!</title>
  <script src="https://unpkg.com/redux@latest/dist/redux.js"></script>
</head>

<body>
  <script>
  </script>
</body>

</html>
```

보다시피 이 HTML은 아주 기본적인 구조만 정의된 빈 문서다. 또한 리덕스 라이브러리의 호스팅 버전을 참조하는데, 이는 리덕스를 처음 시작하기에 좋은 방법이다. 다만 리액트의 경우에서 봤듯 실제 출시될 앱이라면 좀 더 나은 방법을 사용하게 될 것이다. 그 방법은 나중에 알아보기로 하고, 지금은 리덕스를 직접 참조하는 걸로 충분하다.

조명! 카메라! 액션!

리덕스 라이브러리를 참조했으니, 이제 액션을 정의해야 한다. 오직 액션만이 스토어와 통신하기 위한 유일한 메커니즘이라는 사실을 기억하기 바란다. 이 앱은 컬러를 추가하거나 삭제하는 기능을 할 것이므로 액션은 이를 스토어가 이해할 수 있는 방식으로 표현해야 한다.

그럼 script 태그 안에 다음 내용을 추가하자.

```
function addColor(value) {
  return {
    type: "ADD",
    color: value
  };
}

function removeColor(value) {
  return {
```

```
    type: "REMOVE",
    color: value
  };
}
```

여기에는 addColor와 removeColor라는 두 개의 함수가 있다. 각각은 하나의 인자를 받으며, 그 결과로서 액션을 리턴한다. addColor에서 액션 객체는 다음 강조된 두 라인이다.

```
function addColor(value) {
  return {
    type: "ADD",
    color: value
  };
}
```

액션을 정의하는 방법은 꽤 자유롭다. 모든 액션 객체는 하나의 type 속성을 갖는다. type은 하고자 하는 작업을 나타내는 키워드다. type을 설정했다면 그다음엔 어떤 정보든 원하는 대로 액션 안에 담을 수 있다. 여기서는 스토어로부터 컬러를 추가하거나 제거할 목적이므로 대상 컬러를 지정할 color라는 속성을 액션 객체에 추가했다.

다시 addColor와 removeColor 함수로 돌아가자. 두 함수는 모두 하나의 액션을 리턴하는 역할을 하는데, 리덕스 세계에서 이런 함수를 부르는 공식적인 이름이 있다. 바로 액션 생성자^{action creator}다. 왜냐하면 액션을 생성하니까... 쿨럭.

이제 리듀서 차례

액션이 하고자 하는 일을 정의한다면, 리듀서는 그게 무슨 일인지와 새로운 상태를 정의하는 방법을 구체적으로 다룬다. 리듀서를 스토어와 바깥 세상의 중개인 정도로 생각하면 된다. 다음의 세 가지 일을 하는 중개인 말이다.

1. 스토어의 원래 상태에 접근할 수 있게 한다.

2. 현재 발생된 액션을 조사할 수 있게 한다.

3. 스토어에 새로운 상태를 저장할 수 있게 한다.

이 모든 사항은 스토어에 컬러를 추가하거나 제거하는 리듀서를 작성해 보면서 이해하게 될 것이다. 그럼 액션 생성자 아래에 다음과 같은 코드를 추가하자.

```javascript
function favoriteColors(state, action) {
  if (state === undefined) {
    state = [];
  }

  if (action.type === "ADD") {
    return state.concat(action.color);
  } else if (action.type === "REMOVE") {
    return state.filter(function(item) {
      return item !== action.color;
    });
  } else {
    return state;
  }
}
```

이 코드가 뭘 하는지 잠시 살펴보자. 먼저 우리가 다룰 상태의 존재 여부를 확인한다.

```javascript
function favoriteColors(state, action) {
  if (state === undefined) {
    state = [];
  }

  if (action.type === "ADD") {
    return state.concat(action.color);
  } else if (action.type === "REMOVE") {
    return state.filter(function(item) {
      return item !== action.color;
    });
  } else {
    return state;
  }
}
```

만약 상태 객체가 존재하지 않는다면 마치 앱이 처음 구동됐을 때처럼 상태 객체를 빈 배열로 초기화한다. 사실 어떤 데이터 구조로든 초기화할 수 있지만, 이 예제에서는 배열이 가장 적절하다.

나머지는 액션을 다루는 코드다. 이 리듀서가 액션 객체 자체를 인자로 받는다는 점에 주목하기 바란다. 이는 액션의 type 속성뿐만 아니라 액션 안에 지정된 모든 정보에 접근할 수 있다는 의미다.

만약 액션의 type이 ADD라면 액션의 color 속성에 지정된 컬러를 상태에 추가한다. 액션의 type이 REMOVE라면 해당 컬러를 제외한 새로운 배열을 리턴한다. 마지막으로 액션의 type이 ADD나 REMOVE가 아니라면 현재 상태를 수정하지 않고 그대로 리턴한다.

```
function favoriteColors(state, action) {
  if (state === undefined) {
    state = [];
  }

  if (action.type === "ADD") {
    return state.concat(action.color);
  } else if (action.type === "REMOVE") {
    return state.filter(function(item) {
      return item !== action.color;
    });
  } else {
    return state;
  }
}
```

쉽지 않은가? 리덕스와 관련된 설계에서 중요한 사항 하나를 유념하기 바란다. 그 내용은 리덕스 문서(https://redux.js.org/basics/reducers#handling-actions)에 다음과 같이 잘 설명돼 있다.

리듀서 안에서 절대 하지 말아야 할 사항은 다음과 같다.

- 받은 인자의 변형
- API 호출이나 라우팅 변경 등과 같은 추가 기능 구현
- Date.now( )나 Math.random( )과 같은 비순수 함수의 호출

요컨대 리듀서는 오직 주어진 인자로 다음 상태를 산출해 리턴해야 한다. 깜짝쇼 금지, 추가 구현 금지, API 호출 금지, 변형 금지, 오로지 산출만.

지금 예제에서도 이와 같은 사항을 준수했다. 상태 배열에 새 컬러를 추가하기 위해 기존 값에 더해 새 값이 포함된 완전히 새로운 배열을 리턴하는 concat 메소드를 사용했다. 만약 push 메소드를 사용했다면 결과는 동일했겠지만, 기존 상태를 변경했으므로 규칙 위반이 된다. 컬러 값을 제거할 때에도 현재 상태를 변경하지 않았다. filter 메소드는 원하는 값을 제거한 새로운 배열을 리턴하기 때문이다.

추가로 리덕스의 메인테이너인 마크 에릭슨[Mark Erikson](@acemarke)이 필자에게 했던 이 말도 유념하기 바란다. 리덕스는 개발자의 상태 조작이나 여타의 멍청한 행위를 방지하는 어떤 장치도 갖고 있지 않다. 리덕스 제작자들은 몇 가지 지침을 제공하고 있다. 그러나 그걸 따르고 실천하는 일은 전적으로 개발자 본인에게 달렸다.

마지막은 스토어

이제 남은 건 액션과 리듀서를 스토어에 엮는 일이다. 그러자면 일단 스토어를 만들어야 할 것이다. 기존의 favoriteColors 함수 아래에 다음과 같은 라인을 추가하자.

```
var store = Redux.createStore(favoriteColors);
```

보다시피 createStore 메소드를 사용해 새 스토어를 만들었다. 이 메소드의 인자는 조금 아까 만들었던 favoriteColors라는 리듀서다. 이로써 리덕스로 애플리케이션 상태를 저장하는 과정의 한 바퀴를 돌았다. 즉, 스토어가 있고 리듀서가 있으며, 리듀서가 해야 할 일을 알려주는 액션을 갖춘 것이다.

모든 사항이 제대로 작동하는지 보기 위해 스토어에 컬러를 추가하거나 제거해보자. 그렇게 하려면 액션을 인자로 받는 dispatch 메소드를 store 객체에 사용하면 된다. 그럼 store 변수 아래에 다음 라인들을 추가하자.

```
store.dispatch(addColor("blue"));
store.dispatch(addColor("yellow"));
store.dispatch(addColor("green"));
store.dispatch(addColor("red"));
store.dispatch(addColor("gray"));
store.dispatch(addColor("orange"));
store.dispatch(removeColor("gray"));
```

각 dispatch 호출은 액션을 리듀서로 전달한다. 리듀서는 액션을 받아 새 상태를 정의하기 위한 적절한 동작을 할 것이다. 스토어의 현재 상태를 보고 싶다면 마지막에 다음과 같은 코드를 넣으면 된다.

```
console.log(store.getState());
```

이름에서 알 수 있듯 getState 메소드는 상태 값을 리턴한다. 이제 이 HTML을 브라우저에 띄우고 개발자 도구를 열어보자. 다음과 같이 컬러들이 추가됐음을 콘솔에서 볼 수 있을 것이다.

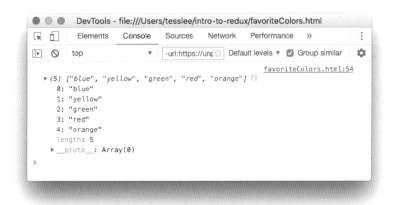

거의 다 왔다. 그렇지만 추가로 알아야 할 정말 중요한 한 가지가 남아 있다. 현실 세계에서의 앱은 애플리케이션의 상태가 변할 때마다 이를 인지하고 싶을 것이다. 그런 푸시 모델은 스토어의 어떤 변경으로 인한 결과에 따라 UI를 갱신하거나 다른 작업을 수행하기에 유용하다. 그렇게 하기 위해 특정 함수(리스너)를 스토어에 등록해 스토어의 변경 사항이 있을 때마다 호출되게 할 수 있다. 이를 실제로 구현해보자. 다음과 같이 store 객체를 선언한 부분의 아래에 강조된 라인들을 추가하면 된다.

```
var store = Redux.createStore(favoriteColors);
store.subscribe(render);

function render() {
  console.log(store.getState());
}
```

이제 앱을 다시 실행해보자. 이번에는 dispatch를 호출할 때마다 각기 다른 액션으로 인해 스토어가 변경되면서 render 함수가 호출됨을 할 수 있을 것이다. 휴!

정리

지금까지 리덕스를 정신없이 여행하며 주요 기능들을 살펴봤다. 애플리케이션의 상태 관리에서 리덕스가 진정으로 유용한 이유에 대한 개념뿐만 아니라, 그 모든 길 실현하는 코드도 직접 살펴봤다. 다만 우리가 유일하게 하지 않은 일은 좀 더 현실적인 예제를 만들어보는 것이었다. 리덕스는 어떤 UI 프레임워크와도 함께 작동할 수 있을 만큼 충분히 유연하므로, 그 덕분에 각 UI 프레임워크는 자신만의 마법을 가질 수 있게 된다. 우리가 선택할 UI 프레임워크는 당연히 리액트다! 20장에서 리액트와 리덕스를 함께 사용하는 방법을 알아보자.

> **노트: 무엇이든 물어보세요!**
> 어떤 궁금증이 있거나 코드가 예상대로 잘 작동하지 않는다면 망설이지 말고 질문하기 바란다.
> https://forum.kirupa.com에 질문을 올리면 인터넷상의 친절하고 똑똑한 사람들로부터 도움을 받을 수 있다!

리액트와 리덕스

리덕스의 작동 원리를 이해했으니, 이제 좀 더 발전된 주제로 넘어가보자. 왜 그토록 리액트 프로젝트에서 리덕스가 인기일까? 먼저 다음과 같은 어떤 앱의 컴포넌트 계층도를 보자.

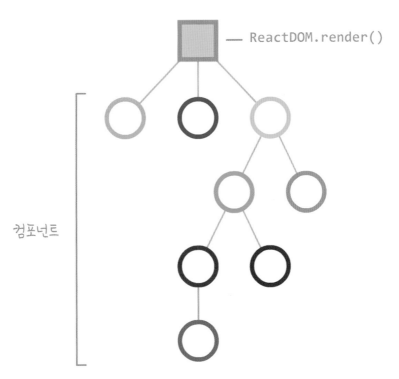

이게 무슨 앱인지는 중요하지 않다. 여기서 중요한 건 컴포넌트가 상태를 관리하고 속성의 형태로 전달하는 책임을 맡는다는 점이다.

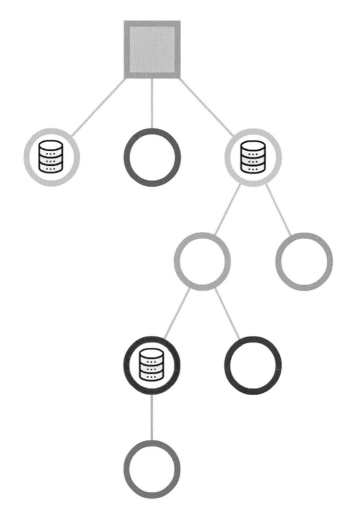

이상적인 구성이라면 다음 그림과 같이 각 컴포넌트가 필요로 하는 데이터가 부모에서
자식으로 차례차례 흐른다.

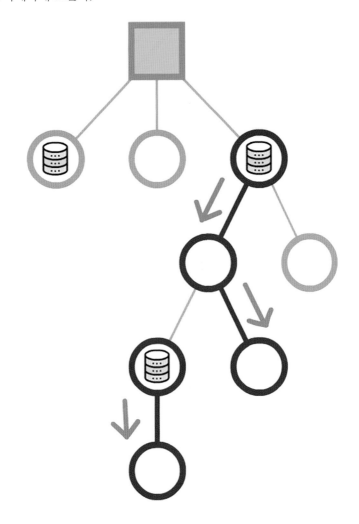

그러나 단순한 시나리오가 아니라면 불행히도 현실은 그리 만만치 않다. 보통의 앱에서
는 상태의 생성, 처리, 전달 과정이 아주 많이 일어나기 때문이다. 어떤 컴포넌트는 상태
변경을 일으킨다. 또 다른 어떤 컴포넌트는 그 상태에 반응한다.

상태 변경과 관련된 속성은 상태 데이터를 필요로 하는 컴포넌트에 도달하기까지 계층
도의 아래쪽으로 내려가기도 하지만 또한 위쪽으로 올라가기도 한다.

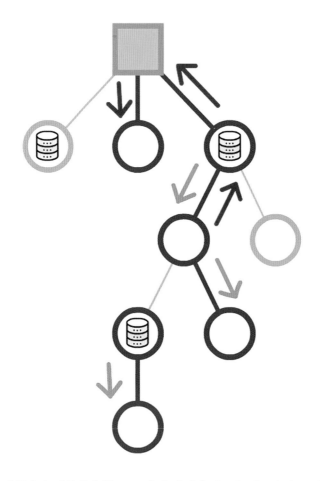

이 책에서도 지금까지 자식에서 부모로 어떤 데이터(변숫값, 함수의 참조, 이벤트 핸들러의 참조 등)를 전달하기 위해 그런 죄를 몇 번 저질렀다.

이 시점에서 컴포넌트들 사이에 무분별하게 데이터를 주고받으면서 발생할 수 있는 몇 가지 문제점을 알아야 할 필요가 있다.

1. 의존성은 코드 관리를 어렵게 만든다. 리액트의 목표 중 하나는 스파게티와 같은 복잡한 의존성을 제거하는 것이다. 앱 주변에 데이터가 떠돌게 방치하는 일은 결국 우리가 도망가고 싶은 상황을 만드는 일과 같다.

2. 상태가 변하거나 속성이 전달될 때마다 관련된 모든 컴포넌트가 매번 다시 렌더링된다. 이는 현재 상태에 부합하는 UI의 동기화를 보장하기 위한 자연스러운 동작이다. 그러나 이전에 말했듯 단순히 부모에서 자식으로 값이 전달

될 때 많은 컴포넌트들이 불필요한 렌더링을 하게 된다. 이를 방지하기 위해 shouldComponentUpdate 메소드를 재정의하거나 PureComponent를 사용하는 전략을 이미 배웠다. 그러나 두 방법 모두 앱의 데이터가 증가함에 따라 동기화 작업이 번거롭게 된다는 단점이 있다.

3. 컴포넌트 계층도는 UI에 대한 것이지, 데이터에 대한 것이 아니다. 컴포넌트를 배치하고 끼워 넣는 작업은 UI를 작고 관리가 용이하게 분리시키는 좋은 방법이다. 이는 올바른 접근 방법이 맞지만, 상태를 변경시키는 컴포넌트와 그 상태에 반응해야 할 컴포넌트가 직계존비속 관계가 아닌 경우도 많다. 이 경우 위 2번과 마찬가지로 속성이 아주 멀리 전달돼야 하기도 하며, 게다가 종종 한 번의 상태 변화에 다수의 전달 작업이 수행되기도 한다.

이와 같은 문제들을 해결할 수 있는 게 리덕스다. 현재로서는 완벽하게는 아니지만, 거의 그에 가깝게 말이다. 리덕스를 사용하면 각 컴포넌트에 걸쳐 분산돼 있는 애플리케이션의 상태를 모두 데이터 스토어에 저장할 수 있게 해준다.

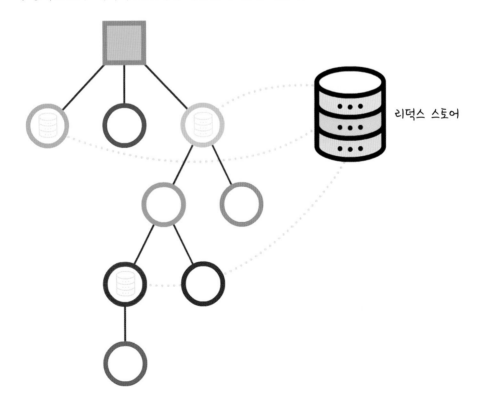

이 접근 방법은 여러 문제를 해결해준다. 예컨대 어떤 데이터를 앱의 서로 다른 부분들에 공유시키기 위해 컴포넌트 계층도의 위아래로 전달시키지 않아도 된다.

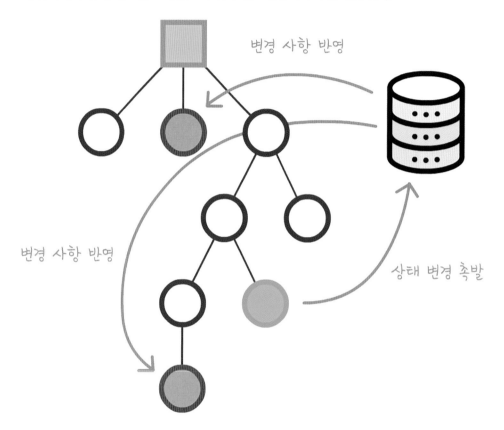

리덕스를 사용하면 상태 변경을 촉발시킬 수 있으며, 오직 직접적으로 영향을 받는 컴포넌트들만 개입하게 할 수 있다. 이는 불필요한 렌더링을 없앨 목적으로 해당 컴포넌트에만 데이터가 전달되게 하는 관리 작업의 과부하를 줄여준다. 멋지지 않은가?

그럼 한 계단 더 올라가보자. 일단 아키텍처의 관점에서 다음과 그림과 같은 리덕스의 개념을 계속 유지하기 바란다.

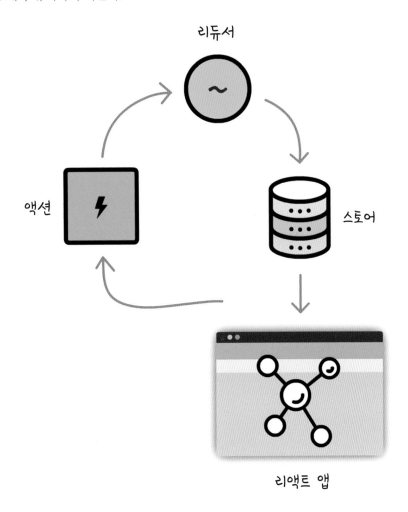

스토어를 제외하면 앞으로도 여전히 액션과 리듀서, 그리고 리덕스 파티에 참여하는 다른 조각들에 대해 작업할 것이다. 유일하게 바뀐 사항은 이번에는 리액트로 앱을 만들 것이라는 점이다. 이때 리덕스가 어떻게 역할을 수행하는지가 20장의 관심 사항이다.

그럼 시작해보자.

리덕스를 이용한 리액트 상태 관리

리액트 앱에 리덕스를 적용하는 방법은 리액트 코드에서 리덕스 API를 호출하기만 하면
될 정도로 직관적이다. 그냥 다음 두 단계만 있을 뿐이다.

1. 앱이 리덕스 스토어를 참조할 수 있게 한다.
2. 스토어의 데이터를 필요로 하는 컴포넌트에 액션 생성자, 디스패치 함수, 상태를
   속성으로서 매핑한다.

이 두 단계의 실제 적용 방법을 알아보기 위해 만들어 볼 앱은 그림 20.1과 같은 카운터
앱이다.

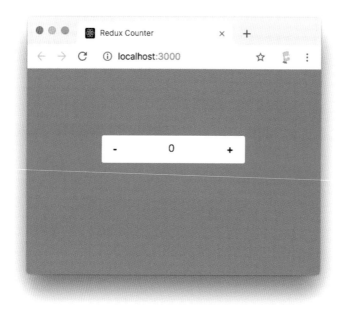

그림 20.1 우리가 만들 카운터 앱

이 앱에는 카운트를 증가하거나 감소시킬 플러스와 마이너스 버튼이 있다. 이게 전부다.
그 외에는 아무 것도 없지만, 리액트와 리덕스를 조합할 수 있는 적정 수준의 기능과 복
잡성을 갖출 앱이 될 것이다.

리액트와 리덕스 합치기

이쯤이면 원래는 예제를 위한 HTML, CSS, 자바스크립트를 작성하기 시작할 시점이다. 그러나 그건 잠시 뒤에 하기로 하고, 지금은 먼저 이 앱이 어떻게 구성되는지부터 알아보자. 데이터와 상태 관리의 측면을 무시하면 이 앱은 다음과 같은 두 개의 컴포넌트로 이뤄질 것이다(그림 20.2).

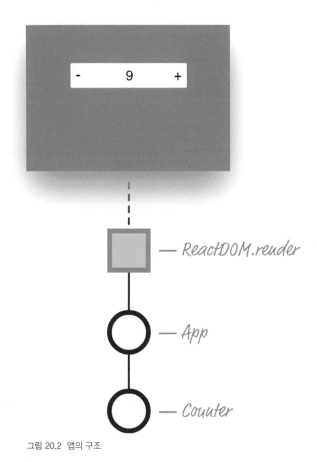

그림 20.2 앱의 구조

그 둘은 App 컴포넌트와 Counter 컴포넌트다. 지금의 카운터 자체는 심각하게 고민해야할 만한 복잡한 예제는 아니다. 평범한 기존 방식대로 한다면 Counter 안에 상태 객체를 만들고, 눌려진 버튼에 따라 값이 증가되거나 감소되는 변수 하나를 두면 될 것이다.

그러나 여기에 리덕스를 합류시키면 컴포넌트의 배열이 다소 특이하게 바뀐다(그림 20.3).

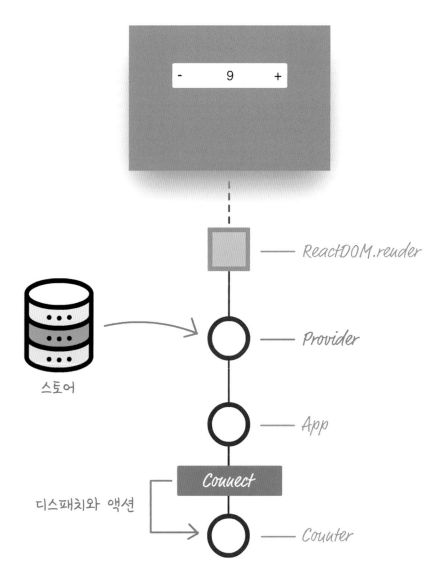

그림 20.3 리덕스가 합류된 후의 컴포넌트 배열

파란색 아이템은 원래 있던 것이며, 초록색 아이템은 리덕스가 결합된 후에 새로 생긴 것이다. 초록색 아이템은 다음의 두 단계를 나타낸다.

1. 첫 번째 단계는 리덕스 스토어로 접근하는 방법을 제공하는 일이며, 이는 Provider 컴포넌트가 담당한다.

2. 두 번째 단계는 어떤 컴포넌트든 디스패치와 액션에 접근 가능하게 하는 일이며, 이는 Connect 컴포넌트가 담당한다.

좀 더 자세히 설명하자면 Provider 컴포넌트는 리액트 앱에서 리덕스를 사용하기 위한 관문 역할을 한다. Provider는 스토어에 대한 참조를 저장하며 앱 안의 모든 컴포넌트에게 스토어로의 접근 방법을 보장한다. 이는 Provider가 컴포넌트 계층도에서 최상위 컴포넌트여야 가능하다. 그래야만 리덕스의 지혜를 전체 앱에 쉽게 전파할 수 있기 때문이다.

Connect 컴포넌트는 좀 더 흥미롭다. Connect는 전통적인 의미의 컴포넌트가 아닌, 고차원 컴포넌트^{Higher Order Component}(https://reactjs.org/docs/higher-order-components.html)이기 때문이다. 흔히 줄여서 HOC라고 부른다. HOC는 기존 컴포넌트를 래핑하고 HOC 고유의 기능을 추가로 주입함으로써 그 컴포넌트의 기능성을 확장시키는 일관된 방법을 제공한다. 쉽게 이를 extends 키워드를 사용해 ES6 클래스로 하는 일과 비슷한, 리액트만의 방식이라고 생각해도 좋다. 앞의 그림에서 봤듯 Connect HOC 덕분에 Counter 컴포넌트가 리덕스 스토어와의 작업을 위해 액션과 디스패치에 접근할 수 있게 된다. 별다른 특별한 코드를 작성할 필요 없이 말이다. Connect HOC가 모두 알아서 해주기 때문이다.

Provider와 Connect HOC는 어떤 리액트 앱이라도 완전히 효율적이고 놀라운 리덕스 특유의 애플리케이션 상태 관리 방식을 쉽게 이용할 수 있게 하는 공생 관계에 있다. 이후에 앱을 구축해 가면서 그 관계가 어떤 역할을 하는지 알게 될 것이다.

시작하기

우리의 앱이 어떤 구조이며 리덕스 고유의 요소들이 구성되는 개념을 알아봤으니, 이제 기어를 바꿔 앱 구축을 시작해보자. 먼저 create-react-app을 사용해 reduxcounter라는 앱을 생성하자.

```
create-react-app reduxcounter
```

이제 리덕스 자체와 리액트의 리덕스 의존성 패키지를 설치해야 한다. 터미널에서 reduxcounter 폴더로 이동해 다음 명령을 실행하자.

```
npm install redux
```

이렇게 하면 리덕스 라이브러리가 설치돼 애플리케이션 상태 관리를 위해 리덕스가 제공하는 기본적인 빌딩 블록을 앱에서 사용할 수 있게 된다. 리덕스 라이브러리가 설치됐다면, 의존성 패키지도 있어야 한다. 다음 명령으로 리덕스에 대한 리액트의 의존성 패키지를 설치할 수 있다.

```
npm install react-redux
```

이로써 리액트 앱에서 리덕스의 마법을 사용하기 위해 필요한 모든 준비를 마쳤다. 이제 앱 개발을 시작해보자!

앱 구축

우선 불필요한 파일들을 제거하는 일부터 시작하자. src와 public 폴더에 있는 모든 파일을 삭제하기 바란다. 그다음엔 public 폴더 안에 index.html이라는 파일을 만들고 다음 HTML을 추가하자.

```html
<!DOCTYPE html>
<html>

<head>
  <title>Redux Counter</title>
</head>

<body>
  <div id="container">

  </div>
</body>

</html>
```

유일하게 눈길을 줄 만한 것은 container라는 id값을 가진 div 엘리먼트가 하나 있다는
사실뿐이다.

이제 앱의 진입점이 될 자바스크립트를 작성하자. src 폴더에 index.js라는 파일을 만들
고 다음 내용을 추가한다.

```
import React, { Component } from "react";
import ReactDOM from "react-dom";
import { createStore } from "redux";
import { Provider } from "react-redux";
import counter from "./reducer";
import App from "./App";
import "./index.css";

var destination = document.querySelector("#container");

// 스토어
var store = createStore(counter);

ReactDOM.render(
  <Provider store={store}>
    <App />
  </Provider>,
  destination
);
```

추가한 코드를 잠시 살펴보자. 먼저 리듀서를 인자로 받는 createStore 메소드를 사용해
리덕스 스토어를 초기화했다. 리듀서는 counter 변수에 의해 참조되며, import 구문을
보면 reducer.js라는 파일에 정의돼 있어야 함을 알 수 있다. 이에 관해 잠시 후 다룰 것
이다.

스토어를 만든 다음엔 이를 Provider 컴포넌트의 속성으로서 제공했다. Provider는 앱
의 가장 바깥쪽 컴포넌트로서, 어떤 컴포넌트든 리덕스 스토어와 그 관련 기능에 접근할
수 있게 보장한다.

```
ReactDOM.render(
  <Provider store={store}>
    <App />
```

```
  </Provider>,
  destination
);
```

그다음엔 리듀서를 만들 차례다. 앞서 봤듯 counter 변수에 의해 참조되는 리듀서는 reducer.js라는 파일에 정의돼 있어야 한다. 아직 그 파일을 만들지 않았으므로, 이제 src 폴더 안에 reducer.js 파일을 만들자. 그다음엔 다음 콘텐츠를 추가하기 바란다.

```
// 리듀서
function counter(state, action) {
  if (state === undefined) {
    return { count: 0 };
  }

  var count = state.count;

  switch (action.type) {
    case "increase":
      return { count: count + 1 };
    case "decrease":
      return { count: count - 1 };
    default:
      return state;
  }
}

export default counter;
```

이 리듀서는 매우 간단하다. 먼저 상태가 비어있다면 0으로 초기화되는 count 변수가 있다. 이 리듀서는 increase와 decrease라는 두 가지 액션 유형을 다룬다. 액션 유형이 increase라면 count의 값을 1만큼 증가시킨다. 액션 유형이 decrease라면 count의 값을 1만큼 감소시킨다.

이로써 우리는 이 예제의 개발 과정에서 대략 절반 정도의 위치에 왔다(그림 20.4).

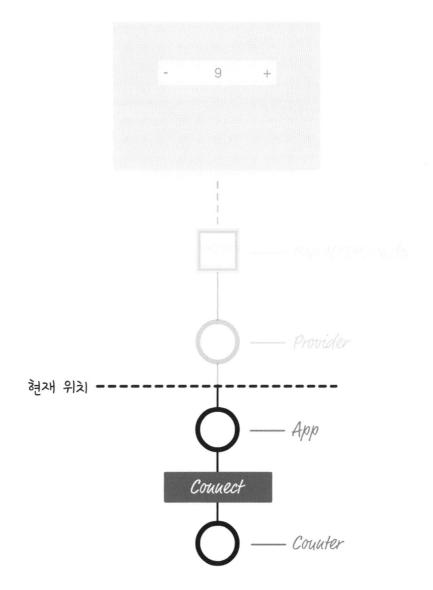

그림 20.4 거의 절반은 왔다!

이제 한 단계 더 깊이 내려가 App 컴포넌트를 다룰 차례다. src 폴더 안에 App.js 파일을 만들어 다음 내용을 추가하자.

```
import { connect } from "react-redux";
import Counter from "./Counter";

// 리덕스 상태를 컴포넌트 속성에 매핑
function mapStateToProps(state) {
  return {
    countValue: state.count;
  };
}

// 액션
var increaseAction = { type: "increase" };
var decreaseAction = { type: "decrease" };

// 리덕스 액션을 컴포넌트 속성에 매핑
function mapDispatchToProps(dispatch) {
  return {
    increaseCount: function() {
      return dispatch(increaseAction);
    },
    decreaseCount: function() {
      return dispatch(decreaseAction);
    }
  };
}

// HOC
var connectedComponent = connect(
  mapStateToProps,
  mapDispatchToProps
)(Counter);

export default connectedComponent;
```

무슨 일이 벌어지고 있는지 잠시 살펴보자. 이 코드의 주 목적은 모든 리덕스에 특정적인 후크를 리액트에서 사용할 수 있는 무언가로 바꾸는 것이다. 더 정확히는 모든 리덕스 후크를 mapStateToProps와 mapDistpatchToProps라는 두 함수를 통해 쉽게 소비할 수 있는 속성의 형태로 바꿔 제공한다는 의미다.

우선 mapStateToProps 함수 먼저 보자.

```
// 리덕스 상태를 컴포넌트 속성에 매핑
function mapStateToProps(state) {
  return {
    countValue: state.count;
  };
}
```

이 함수는 모든 스토어 갱신 작업을 구독하므로, 스토어에 어떤 변경이 일어나도 호출된다. 그러면 컴포넌트의 속성으로 전달할 스토어 데이터를 담는 객체를 리턴한다. 이 예제에서 전달할 데이터는 단순하다. 바로 countValue라는 속성을 담는 객체로서, 이 속성은 스토어의 현재 count 속성 값을 나타낸다.

스토어의 값을 속성으로서 제공하는 일은 필요한 전체 작업 중 하나일 뿐이다. 그다음에 필요한 것은 컴포넌트가 액션 생성자와 액션에, 역시 속성의 형태로 접근하게 하는 일이다. 다음 코드가 그 역할을 한다.

```
// 액션
var increaseAction = { type: "increase" };
var decreaseAction = { type: "decrease" };

// 리덕스 액션을 컴포넌트 속성에 매핑
function mapDispatchToProps(dispatch) {
  return {
    increaseCount: function() {
      return dispatch(increaseAction);
    },
    decreaseCount: function() {
      return dispatch(decreaseAction);
    }
  };
}
```

mapDispatchToProps에서는 정말 재미있는 일이 벌어진다. 이 함수는 컴포넌트가 스토어를 변경시키는 액션에 디스패치 가능한 두 함수의 이름을 담은 객체를 리턴한다. increaseCount 함수는 increase 유형의 액션에 디스패치 해준다. decreaseCount 함수는 decrease 유형의 액션에 디스패치 해준다. 조금 전에 만들었던 리듀서를 떠올려 본다면 이 두 함수의 호출이 스토어의 count값에 어떤 영향을 주는지 알 것이다.

이제 남은 건 어떤 컴포넌트든 이들 속성을 받아 사용할 수 있게 보장하는 일이다. 바로 여기가 신비로운 connect 함수가 등장하는 부분이다.

```
// HOC
var connectedComponent = connect(
  mapStateToProps,
  mapDispatchToProps
)(Counter);
```

이 함수는 앞에서 얘기했던 Connect HOC를 생성시켜준다. mapStateToProps와 mapDispatchToProps 함수를 인자로 받으며, 이를 모두 Counter 컴포넌트로 전달한다. 이 모든 코드는 마치 다음 코드가 렌더링된 것과 동일한 결과를 가져올 것이다.

```
<Connect>
  <Counter increaseCount={increaseCount}
           decreaseCount={decreaseCount}
           countValue={countValue}/>
</Connect>
```

보다시피 Counter 컴포넌트는 increaseCount, decreaseCount, countValue를 사용할 수 있게 된다. 한 가지 이상한 점은 render 함수나 그와 비슷한 어떤 것도 없다는 사실이다. 이는 리액트와 HOC가 자동으로 모든 사항을 처리해주기 때문이다.

거의 다 왔다! 이제 Counter 컴포넌트를 작동시켜야 할 시간이다. src 디렉터리에 Counter.js라는 파일을 만들고 다음 내용을 추가하자.

```
import React, { Component } from "react";

class Counter extends Component {
  render() {
    return (
```

```
      <div className="container">
        <button className="buttons"
                onClick={this.props.decreaseCount}>-</button>
        <span>{this.props.countValue}</span>
        <button className="buttons"
                onClick={this.props.increaseCount}>+</button>
      </div>
    );
  }
}

export default Counter;
```

아마도 가장 따분한 컴포넌트가 아닐까 싶다. 이미 Connect HOC가 속성과 여타 기법을 Counter 컴포넌트로 내리는 원리를 알고 있으니 말이다. 여기서는 사용자가 플러스나 마이너스 버튼을 클릭했을 때 카운터의 값을 보여주거나 적절한 함수를 호출하기 위해 해당 속성을 사용하는 모습을 볼 수 있을 뿐이다.

이제 남은 건 카운터 앱에 스타일을 적용하기 위해 CSS를 정의하는 일이다. 늘 그랬듯 src 폴더에 index.css 파일을 만들고 다음 스타일 규칙들을 추가하자.

```css
body {
  margin: 0;
  padding: 0;
  font-family: sans-serif;
  display: flex;
  justify-content: center;
  background-color: #8E7C93;
}

.container {
  background-color: #FFF;
  margin: 100px;
  padding: 10px;
  border-radius: 3px;
  width: 200px;
  display: flex;
  align-items: center;
  justify-content: space-between;
```

```
}

.buttons {
  background-color: transparent;
  border: none;
  font-size: 16px;
  font-weight: bold;
  border-radius: 3px;
  transition: all .15s ease-in;
}

.buttons:hover:nth-child(1) {
  background-color: #F45B69;
}

.buttons:hover:nth-child(3) {
  background-color: #C0DFA1;
}
```

이로써 우리 예제를 완성했다. 작업했던 모든 파일을 저장하고 브라우저에서 앱을 확인해보기 바란다. 예상대로 작동하는 카운터를 볼 수 있을 것이다.

정리

리덕스는 여러 측면에서 리액트의 단점을 해결하게 설계됐으며, 리액트는 이를 종종 장점으로 내세우기도 한다. 우리는 리액트 안에서 데이터가 흐르는 원리를 실습을 통해 시험하면서 그런 장점을 확인했다. 더 나아간다면 리덕스를 아예 리액트의 일부로 공식화해 구성함으로써 더 나은 통합을 도모할 수도 있다. 그러나 리덕스도 완벽한 건 아니다. 프로그래밍 세계에서의 많은 것들과 마찬가지로 리덕스 역시 특정 목적을 달성하기 위한 여러 도구 중 하나일 뿐이다. 즉, 데이터를 다루는 모든 상황에서 반드시 리덕스를 써야 하는 것은 아니다. 사실 어떤 경우에는 리덕스를 추가함으로써 프로그램이 더 복잡해질 수도 있다. 리덕스 제작자 중 한 사람인 댄 아브라모프는 리덕스를 쓰지 말아야 하는 몇 가지 상황을 설명했다(https://medium.com/@dan_abramov/you-might-not-need-redux-be46360cf367). 큰 그림을 보기 위해서라도 이 글을 꼭 읽어보기를 추천한다.

노트: 무엇이든 물어보세요!

어떤 궁금증이 있거나 코드가 예상대로 잘 작동하지 않는다면 망설이지 말고 질문하기 바란다.

https://forum.kirupa.com에 질문을 올리면 인터넷상의 친절하고 똑똑한 사람들로부터 도움을 받을 수 있다!

| 찾아보기 |

ㄱ

가상 DOM 26
개발 환경 200
고차원 컴포넌트 327

ㄹ

리덕스 303
리듀서 306, 311
리액트 라우터 288, 293
리액트 컴포넌트 52

ㅁ

모델-뷰-컨트롤러 30

ㅂ

뷰포트 255
비제어 컴포넌트 252

ㅅ

상태 보존 123
생명주기 메소드 167
속성 57
스타일 객체 70
스토어 305, 314
스프레드 연산자 108
슬라이드 메뉴 253

싱글 페이지 앱 21, 285

ㅇ

액션 306
액션 생성자 311
앱 프레임 289
언마운트 단계 178
업데이트 단계 175
운영 버전 211
이벤트 147
이벤트 속성 156
인라인 CSS 119

ㅈ

제어 컴포넌트 252
주석 120

ㅊ

초기 렌더링 단계 173

ㅋ

컨테이너 컴포넌트 228
컴포넌트 결합성 90, 95

ㅌ

트랜스파일 35

ㅍ

포털 191
프래그먼트 117
프레젠테이션 컴포넌트 228
플립 무브 251

ㅎ

합성 이벤트 155
화살표 함수 190

C

CSS 트랜지션 256

H

HTTP 요청 217

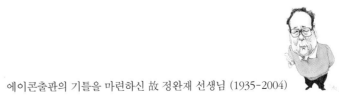

에이콘출판의 기틀을 마련하신 故 정완재 선생님 (1935-2004)

리액트 웹앱 제작 총론 2/e

리액트와 리덕스를 이용한 웹앱 개발 가이드

발   행 ㅣ 2019년 4월 26일

지은이 ㅣ 키루파 친나탐비
옮긴이 ㅣ 이 태 상

펴낸이 ㅣ 권 성 준
편집장 ㅣ 황 영 주
편   집 ㅣ 조 유 나
디자인 ㅣ 박 주 란

에이콘출판주식회사
서울특별시 양천구 국회대로 287 (목동)
전화 02-2653-7600, 팩스 02-2653-0433
www.acornpub.co.kr / editor@acornpub.co.kr

한국어판 ⓒ 에이콘출판주식회사, 2019, Printed in Korea.
ISBN 979-11-6175-288-4
ISBN 978-89-6077-103-1 (세트)
http://www.acornpub.co.kr/book/learning-react-2e

이 도서의 국립중앙도서관 출판시도서목록(CIP)은 서지정보유통지원시스템 홈페이지(http://seoji.nl.go.kr)와
국가자료공동목록시스템(http://www.nl.go.kr/kolisnet)에서 이용하실 수 있습니다.(CIP제어번호: 2019015194)

책값은 뒤표지에 있습니다.